Marcel NUSS

ALLEGRES MELANCOLIES

2013-2016

À Jill que le Ciel a poussée vers mon Rivage

Édition : BoD – Books on Demand, info@bod.fr
Impression : BoD – Books on Demand,
In de Tarpen 42, Norderstedt (Allemagne)
Impression à la demande

©**Autoéditions – Marcel NUSS**
Dépôt légal : juillet 2022
Couverture : Jill NUSS
ISBN : 978-2-3224-3920-1

Le Code de la propriété intellectuelle n'autorisant, aux termes des paragraphes 2 et 3 de l'article L. 122-5, d'une part, que les « copies ou reproductions strictement réservées à l'usage privé du copiste et non destinées à une utilisation collective » et, d'autre part, sous réserve du nom de l'auteur et de la source, que les « analyses et les courtes citations justifiées par le caractère critique, polémique, pédagogique, scientifique ou d'information », toute représentation ou reproduction intégrale ou partielle, faite sans le consentement de l'auteur ou de ses ayants droit ou ayants cause, est illicite (article L. 122-4). Cette représentation ou reproduction, par quelque procédé que ce soit, constituerait donc une contrefaçon sanctionnée par les articles L. 335-2 et suivants du Code de la propriété intellectuelle.

Sanglots

Le sexe est mort
au détour d'un corps
arbre charnel figé à jamais
le sexe n'est plus
il a tout donné ailleurs
généreux auparavant
chiche maintenant
liberté contrainte
ou peut-être contrite
comment savoir assurément
le sexe est mort
entre des bras efflanqués
la vie n'est pas un fantasme
elle a besoin de mouvements
plus d'imagination
trop peu d'attrait
comment savoir vraiment
le sexe a envie de libertés
de virtuosité de légèreté
de spontanéité de voracité
de tout sauf de monotonie
et d'enchaînements
le sexe s'éteint de langueur
accumulée sous une couette
tellement désabusée
qu'elle hoquette
elle a donné sans compter
elle s'est donnée avec volupté
rien n'est plus comme avant
pas entre ces bras ballants
pas avec ce corps échoué
la peur chevillée
dans le bas-ventre
virus insidieux
mais rien ne peut jamais être comme avant

la vie n'est pas un songe
tout fantasme atterrit
dans les ronces
tu ne seras plus que
ce que tu es
le sexe est mort
sur le chemin de Compostelle
les illusions aussi
envies inatteignables
il reste l'amour
il reste toujours l'amour
et le mûrissement
le bonheur immense
d'être ensemble
.

Boire

Boire, boire. Se griser les neurones. Se saouler l'esprit ergotant. Plaisir pernicieux. Plaisir innocent ? S'alcooliser sans compter. S'évader ou s'évanouir. Balancer entre légèreté et lourdeur, gaieté et gerbe. Boire, boire. Alcool facile, réveil indocile. Qui boit plus que de raison ? Quelle est cette oraison du corps et de l'être revendiquée comme un bien-être ? Boire et s'oublier. Boire pour se lâcher. De l'alcool pour oser. Désinhibition épanchée. Boissons désœuvrées. Boire pour s'amuser. Se déchaîner. Pour créer. Ou pour se créer. Ou peut-être se décréer ? Inaccessible jouissance de l'alcool. Je n'arrive définitivement pas à comprendre ce plaisir enivré de lui-même. Vieux démiurge à jeun. Liberté d'être sans être imbibé. Boire, boire. J'ai appris à aimer la vie autrement. Je préfère m'épancher à tes lèvres, ma douce ivresse d'amour. Définitivement. Barman, encore un verre d'amour et de passion insensée !

Joie

Joie intense
une hirondelle sur le toit
joie soudaine
qui comble d'une ivresse
euphorisante
vivre est un jardin d'émois
joie de la savoir existante
au creux de moi
comme le chant d'une source
qui ruisselle dans un sous-bois
joie de profundis
qui m'interpelle à la croisée
d'une pensée rebelle
elle est ma joie elle ma ritournelle
tout est si simple
et si lumineux
j'avance sur un chemin
qui nous emporte tous les deux
vers un horizon
joyeux.

Voyage

Il y a autant de façons de voyager qu'il y a de façons d'être. Sois et tu voyageras au fil du tant. Au fond de tes entrailles bruisse comme un appel du large. Voyages intérieurs. Infinis voyages intérieurs qui vous mènent au-delà des frontières du cœur. L'amour est tout quand il est libéré de nous. L'amour est temps lorsqu'il est ivre de vent. Voyager au gré des sentiments, relié au firmament. Au firmament de nous deux voyageant sur un amour sidéral. Que les corps sont pesants, que les corps sont légers, selon le regard que le voyageur porte sur sa vérité. Voyager à tes côtés. Je veux voyager auprès de toi. Découvrir la vie comme on explore le monde. Ce monde qui nous crée à ce chaque instant de notre éternité. Aimer sa solitude telle une suprême liberté. Solitaire nous naissons, solitaire nous mourront. Que j'aime être seul entre tes bras ! Que j'aime cette solitude qui nous brasse, qui nous fait nous. Voyager à tes côtés. Voyager à t'écouter. Voyager dans ton regard éploré. Voyager sur la vague qui nous a reliés. Oser, oser voyager à deux, oser se pénétrer des étoiles de la jouissance singulière et multiple. Oser mourir à soi-même, à nous-mêmes, chaque jour, à chaque moment, pour renaître encore plus flamboyants. Voyager en toi pour mieux caresser la lumière de ma solitude. De notre solitude d'aimants amoureux. De la berge, un regard voyage sur les ailes d'un cormoran qui s'envole vers l'Océan de toutes les espérances. Sens-tu ma main posée sur ton sein ? Elle voyage dans le lit si chaud de ton cœur si beau. Je veux te voyager éternellement.

Sanctuaire

L'été se meurt
retour de fraîcheur
sortir de l'impasse
des sexes qui trépassent
étalon pétrifié
pouliche figée
dans le champ indocile des jours
l'herbe folle vacille d'amour
croassements sur les cimes
roucoulades dans l'abîme
il faut croire pour oser
et oser pour croire
que l'été reviendra
dans une volute de chaleur
engrossant une pouliche fringante
avec cette douce sauvagerie
qui étalonne les cœurs.
L'été indien frappe à la porte
viens ma douce que je t'emporte
dans le sanctuaire
qui nous transporte avec ferveur.

Rêve éveillé

Sa main   ses mains   ses doigts   son doigt
mon corps   ma chair   mes sens   nos   sens
    sa chair
sa main sur mon corps   sur ma chair   mes   seins
    volupté   volupté
sa bouche   sa bouche sur mes sens en émoi, en alerte, en attente   attente
de sa bouche sur le folâtre, l'angoissé, le somptueux, l'insatiable, l'éphémère, le Phénix, le timide
son corps sur mon corps   chair à chair   la peau perle   collage amoureux   fluides
fluide sa bouche   fluide le chibre dans sa bouche fluide sa main qui chambre
et son doigt qui fouille le fondement fondu dans cette fougue féline et fantasque, fantastique fusion
jouir   et faire jouir   jouir dans sa main
    dans sa bouche   entre ses seins
en elle   sur elle   par elle   pour   elle
    mais jouir assurément
et se réjouir de jouir indéfiniment   infiniment
reconnaissant de ce don sublime
viens   me faire jouir inopinément   viens   me faire délirer follement en tout lieu
sans prévenir   sans attendre   sans comprendre
baise-moi   baise-nous   baisons   biaisons nos peurs d'un autre temps
désirs   vivre n'est que désirs   désir   de vivre   toi que j'aime de vie intense
jouissance   gerbe de jouissances
    jaillissements   implosion, explosion
extension au fond de nos regards   embrasse-moi à pleine joie   Olympes
je rêve ou je vis   je vis ou je rêve
    non, je rêve où je vis
et ma main soudain caresse ton sein, maladroite mais vivante, si vivante enfin, et mes doigts…
Tu crois que j'ai rêvé ?
Le soleil se met à chauffer. Aurore !

Objet de désir

Toujours elle dit oui. Rarement non. À tout heure, par tous temps, elle dit oui, parfois elle râle, un peu, le temps que ça se passe ou d'être submergée par ce plaisir impromptu qui s'impose soudain à ses sens. Soumise. Pour le meilleur et pour le pire. Soumise. Objet de désir bien plus que sujet. Être en dessous, dans les bras impérieux d'un missionnaire, même irrespectueux. Être en dessous par-dessus tout. Ou par derrière, pourquoi pas. Mais surtout pas au-dessus. Elle apprécie si peu Andromaque. Elle ne préfère pas chevaucher les mâles en rut. Elle peine à être dominatrice. Chair objet du désir. Ou cher désir réifié. Elle est si généreuse. Elle se donne autant qu'elle donne, sans compter. Sans barguigner. Femme fleur. Femme cœur. Corps et âme tournée vers le don de soie. Toujours elle a dit oui. Rarement non. Objet de désir ouvert aux quatre vents, jusqu'à la tempête parfois. Vive désillusion. Profond désarroi. Je te veux sujet de toi-même. Uniquement sujet de ta vie. Je te veux sujet de désir. De ton désir. De notre désir. Quitte à en mourir de soupirs avariés. Je te veux libre à jamais. Libre de dire non. Et oui aussi, si tu le veux.
Tu n'appartiens qu'à toi, mon amour.

Rugissement

Quel est ce chibre qui rugit
du fond de ses ténèbres surgies de l'oubli ?
Quel est ce chibre que chambre
le temps qui s'égoutte depuis si longtemps ?
Je veux savourer ces seins aux tétons
chancelant sous la rigueur des sentiments !
Je veux inonder ta chair répandue
au-dessus de mes soupirs tel un bonheur ivre !
Je fantasme. Je pléonasme. Je spasme.
Le désir est un délire souverain.
Me répandre sur toi, en toi. Par toi !
Bouche féline. Langue câline.
Quelque chose chavire au tréfonds de nous.
Est-ce moi ? Englouti par mes soupirs.

J'aime être voyeur lorsque je vois tout ton être
se réjouir de disparaître dans la jouissance de renaître.
J'aime m'exhiber devant tes yeux
à l'éclat soudain ravageur, lorsque tu vois battre
mon sexe dans les éblouissements de ses pleurs.
Quel est ce chibre qui tremble
du tréfonds de mon esprit en peur ?
Je m'égare, il me semble. Ne suis-je pas mort
à l'instant de venir au monde ?
Je voudrais être un mâle, je suis un homme.
Je voudrais la combler et je l'encombre
de mes rétractions restrictives et de mes apnées.
Demain est un autre jour. Une autre vie peut-être ?
Dormez bien, rugissements de mes entrailles.
Je l'aime comme un dément à la porte du Paradis.

Elle

Elle avec elle. Elle sur elle. Elle contre elle. Et moi qui contemple elles qui s'épanouissent d'amble. Rien de plus beau qu'elles voguant l'une sur l'autre dans la pénombre d'une chambre que le soleil doucement ensorcelle. Comment ne pas frémir devant ce désir esthétique ? Comment ne pas se recueillir devant ce plaisir extatique ? Je vibre et je me rends. Je suis un homme, un amant repenti. Elles épépinent mes sens avec la grâce suave et sauvage de femmes en partance pour mes songes. Je suis vivant. Elles sont belles. Dévorez-moi maintenant !

Routine

Ces corps qui s'entrechoquent sans saveur, choqués d'avoir perdu leur ardeur
Corps informes autant qu'infirmes
Se tringlant comme on se mouche pour se soulager les sinus génitaux
Il n'y a même plus d'érotisme sous les draps
Tout est mécanique, hygiénique

Ils se touchent à peine, ont oublié ce que sont les caresses, et les baisers n'en parlons pas
Plus de fantaisie, de rires, d'allégresse, de ferveur, plus que de l'ennui de baiser
On y va, on y va pas ?
On se soulage, on se soulage pas ?
Pas ce soir, trop fatigué(e)
La chair est molle, triste, aphone
Presqu'au seuil de la mort, d'une mort affective et cérébrale
Le regard est las et résigné ou un peu lubrique, relent d'un leste passé
Elle se met en position soumise, à moins que ce soit lui
Il bande mou, s'affale avec peine sur l'objet de ses soupirs
Un, deux, trois petits coups de cul flasque
Quelques ahanements qui ont oublié d'être virils
Pendant qu'elle a les yeux qui s'égarent sur la toile
C'est fini. Pour ce soir. Pour un moment
Elle a fait son devoir, lui le sien, croient-ils
C'est affolant. Et il n'y a pas d'âge pour enterrer
La liesse des sentiments, les couleurs du plaisir, les joies de la découverte de l'autre
Tous ces corps sans esprit que l'on croise sans le savoir
Il paraît que c'est la vie…
Pas la mienne, pas la nôtre
Rassure-moi !

Trahison

Le pouvoir rend con, c'est entendu depuis si longtemps, plus encore lorsqu'il est obtus. Il a mordu dans cette pomme-là, elle l'a perdue et ceux qui ont cru en lui aussi. Il est maintenant imbu de son sceptre sans gloire. Sûr de son savoir. Qui m'aime me suive sur la patinoire ! On crève dans la rue, des enfants crèchent sous les ponts et la misère s'agglutine à l'ombre de son bananier repu. Mais c'est accessoire. Le pouvoir règne en maître absolu. C'est l'avantage du pouvoir, me direz-vous. Le Bourget est loin. La plupart de ses promesses se sont perdues dans des calculs savamment biscornus pour tenter de cacher l'indigence de son manque de tenue. Le peuple se meurt et offre sa vertu au diable tout ému de tant de générosité, ainsi pourra-t-il mieux faire front dans cette nation qui n'y croit plus. Le pouvoir est-il discriminant ? Les mouches vont-elles changer d'âne plus vite que prévu ? Nous le saurons assez tôt. Tant qu'à être trahi, autant prendre le temps…

Branle-bas

Elle gémit dans la nuit
de plus en plus vite   de plus en plus fort
la couette gémit aussi
de plus en plus vite   de plus en plus fort
et je jouis de l'entendre jouir. Ravi.

Frustration

La main qui se tend dans la chaleur de la couette. La main qui se pose sur le corps brûlant au petit matin. La main qui monte, la main qui descend, qui explore et qui s'attarde. Sur le sein puis sur l'autre, sur le galbe moelleux, et les tétons qui s'érigent peu à peu sous l'effleurement d'un doigt intrigant. Elle qui gémit à la lisière du sommeil. Le chibre déjà tendu depuis longtemps. Il ne pense qu'à elle et au désir qui l'a saisi au saut du réveil. La main qui longe le corps, savoure le ventre, s'arrête sur le mont frémissant qui imperceptiblement se tend sous la caresse silencieuse, désireuse, avant de devenir une invite à s'enhardir. La main devient plus vorace dès l'assentiment des premiers soupirs. Cortège d'arpèges aux roucoulements sensuels. La main fait ronronner la chatte qui salive. Elle accélère le mouvement. Les doigts s'immiscent avec une jouissive effronterie. Elle n'a pas encore ouvert les yeux. Il sent l'impatience de ses sens sous sa paume désormais humectée d'allégresse vaginale. Il la recouvre soudain de son corps. Il plonge en elle. En rugissant. L'enlace dans ses bras impérieux. Elle déploie les yeux. Les ongles plantés dans son dos. Ses jambes nouées autour de ses reins. Et puis non. Finalement, non. C'est trop banal. Trop rebattu.

Il se glisse sous la couette. Lui écarte doucement les jambes pour se faufiler entre elles. Enfouit son visage dans son jardin à la française. La hume et la lèche. Jusqu'à ce que sa fleur s'ouvre et palpite. Il introduit délicatement un œuf vibrant. Ou un gode. Ou autre chose. Mais quelque chose. Ça dépend des jours. Des envies. De l'envie de l'instant. De ses fantasmes. Il peut aussi la saisir ailleurs, la prendre, la surprendre, la chevaucher, la tringler, à la hussarde, tendrement, ardemment, fébrilement. Il peut tout. N'importe où. N'importe comment. Sans son consentement puisqu'il ne peut rien. Absolument rien. Il est impuissamment désirant. Follement désireux d'elle. Là, dans leur lit. Ou n'importe où ailleurs. Dans leur vie. L'imagination est sans limite. Elle n'a que les limites du désir. Celui de l'autre et le sien. Et les limites du corps. Ce corps qui ne veut pas car il ne peut pas. Depuis tant de temps. Depuis toujours. Depuis qu'il a pris chair et perdu un certain sens. Le sens du mouvement charnel. Depuis, ses élans sont réprimés, cantonnés au-dedans. Frustration intime. Renoncer. Attendre. Espérer. Espérer que l'attente ne sera pas trop longue et le renoncement définitif. Mais les apparences sont sauves. Il suffit de sourire. Demain est un autre jour. Demain est toujours un autre jour. Les fantasmes sont si forts, si troublants, mais si irréels, tellement désincarnés. Il est temps de revenir à la réalité. De la recréer, de la modeler, de la régénérer. Je suis la réalité que je me donne. Viens, allons baiser sous les palétuviers rouges ! Comme le sang qui pulse de notre amour.

Entendons-nous bien

Quel est ce corps beau qui croasse sa déconvenue dans la nuit ?
Quel est ce corps sot qui défleurit peu à peu sous l'auvent de la vie ?
Il ne s'agit pas d'ergoter sur l'âge du coq et de la poule.
Il ne s'agit pas non plus de décortiquer les protubérances des sentiments.
L'existence est une excroissance qui manque de souffle par vent debout.

Inspir, expir.
Le soleil rutile dans le sillage de l'automne. Est-il bien utile de rompre le cours des corps monotones ?
Jambes en l'air, cœurs vaillants, corps souffrants, il faut prendre son temps afin de renaître autrement.
Toujours autrement.
Inspir, expir.
Le souffle haletant d'être coupé par ses élans, extrapolations de nos jouissances possibles.
Saut dans l'espace infini de nos corps chancelants. Saut à l'élastique pour mieux étirer nos errements.
Saut dans le vide de nos regards implorants. Saut dans le temps pour renaître plus vite qu'avant.
Entendons-nous bien, il ne s'agit pas de contraindre des esprits récalcitrants.
Il s'agit de prendre le temps de s'ouvrir à ses sens hésitants.
À la renaissance de ses sens séditieux.
Il fait bon quand il fait beau. Pleine lune. Pleine page. Prélude à quelque chose d'inédit.
À quelque chose malheur est bon. Dit le coq à la poule pondeuse de folies amoureuses…

Dans la pénombre

Dans la pénombre
sous les amoureux exotiques enlacés
son sein pudiquement dévoilé
le regard en coin
qui sourit à l'objectif
aussi impudique que sa main
elle s'épie
avec malice
je suis le voyeur
de ces petites libertés
…

Noir et blanc

Ce regard qui me foudroie derrière une focale provocante.
L'œil aussi scintillant que le désir qui me bande. Ce regard

provoquant qui provoque des halètements. Elle se prend pour me surprendre. Dites-moi comment ne pas avoir envie de la comprendre ? À plat ventre dans la chambre, elle happe mon esprit subrepticement. Rien de plus troublant qu'une photographe qui se photographie pour mieux vous livrer ses sentiments. Qu'elle a l'air immense lorsque l'angle change de vue ! Qu'elle a l'air belle intensément. Exhibition. Ébullition. Séduction. Pénétration. Expression de toutes les attentes. Prends-moi... En photo.

Mélancolie

Dans la solitude de la chambre
à l'abri des regards inquisiteurs
elle rompt le silence de ses yeux
en dévoilant la tristesse qui ronge
son corps profondément amoureux
elle se surprend elle-même
en se prenant au jeu
de la vérité intime prise sur le fait.
Mon amour, pourquoi pleures-tu
au fond de ton cœur à nu ?

Cette bouche

Cette bouche sensuelle
sur des doigts mystérieux
à l'allure un peu surnaturelle
quand on y regarde de près
qui embrasse-t-elle
de cette bouche qui ensorcelle
la vie et le désir de vivre vieux ?

Lune

Sa Lune a la saveur d'une pastèque. Sa Lune est aussi joufflue qu'une pomme. Sa Lune se doit d'être tenue à mains nues. Sa Lune ouvre les espaces d'une vie sans retenue. Sa Lune mérite d'être entendue avec ardeur. Sa Lune au sourire rédempteur. Sa Lune brise tous les tabous qui abreuvent les culs de basse fosse de nos incultes moralisateurs. Comment ne pas vénérer le fondement de ses dandinements, lorsqu'on y a goûté avec une ferveur d'aimant ?

Miroir

Elle se surprend elle-même
dans un reflet suprême
son galbe charnu et sensuel
à la voir ainsi
on se surprend à n'avoir qu'une envie
la mettre à nu
soulever un pan du tissu
pour apercevoir l'opulence
de son petit cul.
Rien n'est plus indiscret
qu'un miroir qui dévore
l'instant présent.

Douceur

Elle a la douceur de son cœur au fond de ses yeux
regardez
comment y échapper
comment l'ignorer ?
Elle à la douceur de son cœur au fond de ses yeux
je ne me lasse pas de la contempler
regardez
et son regard vous enveloppera
comme il m'a profondément envoûté.

Poitrine séductrice

Je suis sous
le charme de ses rondeurs
opulentes comme un jour de moisson
j'aimerais être ivre

de la volupté qu'elle me livre
avec l'ingénuité d'une amante
impudique et somptueuse
derrière l'ovale exubérant
de ses seins qui sous-tendent
la logorrhée de mes mots troublés
Je suis sous
le charme de son exubérance
suspendu au-dessus de mes désirs.

Troubles

Sentez-vous le trouble
qu'instille ce regard
surgi des entrailles
d'une séductrice bleue ?
Il me rend fou comme un amant
désireux d'y plonger
ardemment.
Et ce sourire qui embrase
le corps jusqu'au délire…

Étonnement ingénu

Nue
elle est nue
étendue
à plat ventre
sous l'éclairage cru
de son regard ingénu.
Et ces grands yeux bleus
qui interrogent le cœur
et l'esprit comme s'ils étaient surpris
avant de se donner
corps et âme à l'élu…
Ouvre la porte !

La nuit

Est-ce la nuit qui la drape
ou est-ce elle qui se cache
dans le tissu sombre de ses pensées ?
Frustrée
est-elle dans l'ombre sombre
d'une frustration qui ronge
sa lumière tel un songe
morbide sorti du mystère
d'aimer ?

Tristesse

Je lis une tristesse au fond de ces yeux-là. Pas vous ?
Elle semble si fragile dans ce regard surpris à penser. À penser
à quoi ?
Ces yeux-là ne sont pas heureux. Vous ne trouvez pas ?
Ils ont l'air d'être rongés par un tourment
qui grouille sous la chair tel un mal insidieux.
Et ce visage époustouflant d'une beauté mystique
qui semble contredire l'intensité de l'interrogation
qui l'habite…
J'aime une femme aux antipodes de la banalité.
Comment ne pas être tenté de la protéger
autant que de la désirer ?…

Érection

Érection mammaire
sous l'œil conspirateur
d'un objectif pervers.
Croyez-vous qu'elle dorme
sous son air angélique ?
Elle m'offre son sein
comme une offrande ludique
et soudain tout devient impudique !

Les soupirs sombrent dans l'extatique.
Et ces dérobades qui enflamment
le rut.
Plongée dans ses bras ouverts
à satiété.
Plongée entre ses seins qui brandissent
leur vérité.
Et jouir d'avoir osé.

Légèreté

Sensuelle légèreté de l'être
vêtu pour être désiré.
Le corps alangui dans une robe
fleurie juste ce qu'il faut
pour conspirer le désir
surgi de ce corps
qu'on aimerait pénétrer
afin d'en soutirer l'essence
et la jouissance qui l'ont fondé.

Les apparences

Il pleure au-dedans. Il sourit au-dehors. Les apparences sont sauves. Il faut avancer encore. Il faut y croire toujours. Mais comment enjamber le marigot charnel d'une sensualité balbutiante ? Et bâtir l'avenir sur un présent désincarné ? Elle compense. Il décompense. Ils s'interrogent. L'œil du cyclone semble égaré en lui-même. Il tourne en rond. La vie est parfois un anathème. Il pleure au-dedans. Il sourit au-dehors. Il est heureux. Elle aussi. Pourtant. Comment concilier la chair et l'âme, le corps et l'esprit, alors que le jour se noie dans la nuit ? Averse automnale. Spleen banal. Comment construire un pont vers l'avenir si la terre est aussi meuble que des soupirs ? Que peuvent les apparences contre le sceau du réel ? Rien n'est plus concret que deux corps qui s'interpellent. Rien n'est plus complexe que deux corps qui s'annulent. L'amour est temps mais jusqu'à quand ? Il est tant mais il n'est pas tout. Peut-il indéfiniment être plus puissant que le dessèchement de ces sens qui délitent l'essence ? Tremblement spirituel. Halètement orgasmique. Comment renoncer à la faim des sexes en ébullition alors qu'ils sont pourvus d'une jeunesse à damner le plus invétéré des abstinents ? Les apparences sont trompeuses. Le temps est un allié qui peut devenir un ennemi. Ne pas s'appesantir. Avancer. Sauter le pas. Saut dans le vide. Saut de joie. Oser. Tenter. Encore et toujours tenter. Afin de ne pas laisser les jours dépérir en s'enfonçant dans une obscurité sans devenir. Il claudique. Elle boite. Il attend. Elle tergiverse. Pour retarder l'éclosion d'une vérité que tout renverse ? Par peur de mourir ? À soi-même, à l'autre, à eux-mêmes ? Peur de mourir sans avoir essayé avant de trépasser face à la réalité qui les traverse. Ils sèment par-delà les horizons contrits d'une complaisance qui entrave la vie. Le bonheur est bien peu lorsqu'il est suspendu à l'altérité de corps moroses. Mais tant que l'amour s'interpose, le bonheur reste le commencement de la prose. S'enfanter soi-même avant d'enfanter une rose. Et jouir.

Couleurs bretonnes

Voguent les couleurs
sous un azur velouté
embarquer sur des barques lascives
qui dorment devant la baie
où mon regard aimerait plonger.
La mer est étale comme mes pensées.
Je sais pourquoi la Bretagne me manque…

À la pointe

Manoir breton, bretonnant sous un ciel de plomb
Planté bien droit dans ses pierres ancestrales
L'océan vaque paisiblement
dans une baie à la pointe de mes sentiments
Et les songes d'une nuit celte
m'entraînent imperceptiblement vers cette terre
que les légendes ont modelé avec fracas.

Mystère

L'océan
des rochers qui affleurent sous mes pensées
des vagues langoureuses qui effleurent l'éternité
ici
le divin est partout.
Je suis le mystère de moi-même.
Et vous ?

Le moulin

Végétation dense
à l'abandon sauvage
autour d'un moulin
que les rires ont quitté
la roue à aubes a cessé de grincer
mais les pierres résistent au temps
et aux souvenirs d'une tendre désuétude
Bretagne profonde
que j'ai appris à aimer.

Provocation

Comme un sein somptueux
le Mont-Saint-Michel dresse sa majesté
sous un ciel floconneux
défi intemporel
qui a l'éternité que l'homme peut.

Peinture

Ocre bleu blanc beige
entrelacement de formes
surréalistes
mouvements de couleurs
dans une baie que l'amour
survole
Et si cet amour c'était nous
toi et moi
aussi multicolores que la vie
entre terre et eau
ciel et mer ?

Insondable

Que sont ces amours insondables
qui embrasent des nuits
que seuls des lucioles rouges
tels des yeux fatigués
réussissent encore à transpercer ?
Qui sait encore aimer ?

Remous

Gare aux vagues scélérates
qui pourraient engloutir notre amour
la vie est une houle qui agite
les sentiments lorsque le doute
s'immisce dans un bonheur chancelant.
Rien ne résiste au temps
que la vérité et la liberté que l'on s'octroie.
Le pont est englouti à moitié
jusqu'à quand ?

Moribond

Le sexe est moribond
il respire à peine
dehors
le soleil peine
l'amour sanglote
que deviendra l'enfant ?
Docteur
ne laissez pas mourir la vie
dans ces cœurs flamboyants.
Gravir le mont de Vénus
un jour de beau temps
le bonheur est-il un lapsus
qui s'égare de temps en temps ?
À corps vaillants
rien n'est impossible.

La bougresse

Une bougresse moinesse traverse la vie de part en part.
Si elle donne à entendre, elle ne donne pas à voir ses jolies appas, sous sa robe de bure noire, qu'elle ne montre qu'une fois l'an, à son amant encombrant.
Elle a pris le voile un jour d'amour débordant.
Mont de Vénus par monts et par vaux, mon seigneur Dieu Tout-impuissant délivre-moi du mâle qui m'habite sous les tropiques d'un lit à baldaquin.
La nonne anone une bonne oraison irraisonnée.
J'écoute, j'entends, je comprends et je me surprends à vouloir être l'amant encombrant de cette petite moinesse qui traverse ma vie de part en part. À espérer qu'elle soulèvera son aube immaculée comme elle soulève les idées ou les montagnes, devant mon dôme réconcilié.
L'Ave Maria retentit sous ma chair encore engourdie par des cauchemars d'enfer. Elle a une voix qui porte et qui transperce, la bougresse. Le cœur débordant d'amour et de promesses.

Nîmes

20° minimum
certes un jour de fin d'automne
sur une terrasse de bistrot
maison carrée pour poète rond
regard intercepté
par voisine de table
bonnet vissé
sur tête avisée par je ne sais quoi
lunettes noires sur regard bridé
anorak et bottines fourrées
20° minimum
écouteurs immaculés scotchés aux oreilles
elle parle dans le vide
portable encensoir
fin d'après-midi
image surréaliste
impressionniste
pour poète vagabond
qui scrute les moindres
signe du temps présent.

Saintes-Maries-de-la-Mer

J'ai vu le temple gitan
ou ce qu'il en reste broyé par les mécréants à la culture régie
par des intérêts partisans
j'ai vu les chevaux
les taureaux les flamants roses
et les pigeons provençaux
qui foncent tout l'été
droit devant
vers les marais infestés de moustiques
et de touristes nonchalants
la mer indolente comme une mamma méridionale
fouettée par le mistral
pèlerinage trop sage
du côté de la Camargue

Hiver

Le catalpa se dévêt feuille à feuille
mise à nu sans concession
mal
jusqu'au fond des entrailles
comme un animal blessé par des désirs inassouvis derrière sa cage dorée
mal
jusqu'au fin fond d'un corps en bataille
comme un chevalier moribond dans son armure de cristal et de sang.
Heureusement
après l'hiver
le printemps
la sève sous le cèdre d'un amour confondant
naître
renaître différent
autre sous le catalpa bourgeonnant.
La vie est comme les saisons
c'est un ressac perpétuel qui engendre sa propre existence
et polit imperceptiblement les rochers de l'esprit.
Qui suis-je pour ne pas croire en l'avenir ?
Aujourd'hui est demain et demain est toujours.
Crois et tu t'enfanteras…

Apparences

Ne vous trompez pas de cibles. Prendre le temps de sentir, de voir et d'entendre. Préjugé intempestif. Radicalité idéologique. Entre l'intégrité et l'intégrisme, il y a l'épaisseur d'un jugement lapidaire. Je t'ai aimé mon frère, j'aurais pu t'aimer, ma sœur. On était pote, on n'est plus que l'ombre de notre relation à tombeau fermé. Méfiez-vous des apparences, elles sont aussi trompeuses que peuvent l'être les trompe-l'œil qui ornent nos églises, nos sanctuaires si redondants parfois. Ne vous trompez pas de cœur de cible. Sous certaines apparences, il y a des vérités inaudibles. Il y a des lumières indicibles, inattendues. Surprenantes. Ne restez pas sourds à la réalité profonde d'autrui. La première impression peut égarer dans des vicissitudes relationnelles dommageables pour l'existant et pour l'existentielle. Qui suis-je ou ne suis-je pas pour négliger l'essence de l'être à force de m'être laissé tromper par le paraître ? On ne paraît jamais qu'une fois ou deux.

Un destin

Un souffle qui vagit en jaillissant ici-bas. Souffrance, peur et espoir. Il n'est que cela à ce moment-là, ce cri surgi de nulle part. Que lui réserve l'à-venir ? Une vie. Un destin. Un Passage si aléatoire. Une parenthèse. Une interrogation. Une immense et insondable interrogation.

Je suis mon propre questionnement.

Destin, cheminement indéchiffrable. Comment lire son destin entre les lignes de son instinct ? Entre cri primal et cri primaire, à l'ombre d'un baobab ancestral. Pachyderme à la peau cuivrée de velours. Je suis mon destin. À moins qu'il ne me précède ? Je cherche ma voix au moins autant que ma route. En balbutiant mes maux.

Je suis mort avant que d'être né. À moi-même. Qu'importe, je suis vivant pour l'Éternité. Et toi, mon amour ? Et nous, mon amour ? Et notre amour, mon amour ? Je cherche. Rassure-toi, je cherche. Je me cherche dans les petites blessures qui ont écorché mes jours et mes nuits. Je me cherche par amour. En souvenir d'un souffle vagissant face à son destin, apeuré comme un enfant un matin de grand chagrin.

Mon amour, je me cherche pour te trouver. Pour mieux te rencontrer et t'aimer. C'est mon destin. Le nôtre.

Désirer le désir

L'hiver est dense. Il est très tard ou très tôt. L'hiver pense. Un froid denté s'accroche aux carreaux. Sa main se balade. S'attarde. Saisit. Caresse. Se surprend à pousser de petits gémissements gouleyants. Regard intense. Regard vibrant d'une intensité vivement dévorante. Désireux d'emporter. De se laisser emporter par le désir de désirer l'autre. Cet autre si loin et si proche. Inaccessible et pénétrant. Jusqu'à s'en pénétrer. Pénétrer l'indicible. Et atteindre le néant. Le Vide sidérant d'un désir soudain désiré autant que désirant qui subjugue le regard de l'aimant tout autant que de l'aimée. La nuit frissonne. Noir profond. Soupirs nocturnes dans un lit de fortune brusquement fortunée d'être chaloupé d'extases charnelles et affamées. Empressées et pressées. Pénombre apaisée. Lumière enveloppante et délicate. Corps irradiés. Survoltés. Ils s'imbriquent. Magiques. Avides. Elle l'engloutit. Coups de reins, coups de vie, coup de vent rafraîchi. Jouir. Vibrations intimes. Diapason. L'hiver danse. Il est tard, très tard. Mais le temps s'est endormi en silence pour ne point troubler un désir impromptu surgi des nues. Vivre. Et se consommer d'amour consumé. Chambre solaire où la chair halète son seyant mystère. Elle vient. Elle va. Et s'élève ici-bas vers l'infinitude de ses appas. Déflagration. Reddition. Après une si impérieuse conspiration. Renaître. Et s'enfoncer dans la nuit vers un jour aux allures réjouies. Tout est possible. Tout espoir est permis. Je vis. Je suis. J'aime. Comblé. Au comble d'un bonheur éclairé et éclairant. Libre de sa propre liberté. Elle vit. Elle est. Elle aime. Comblée par sa propre liberté de se réaliser aux confins d'elle-même et de sa sensualité. Ils sont ce désir de désirer. Avec magnanimité.

Substantifique

Un bleu froid drape l'horizon
d'une luminosité crue qui rebondit sur les toits et les façades
ombres et lumières hivernales
frimas rayonnants
regards resplendissants
sur soi
fidèle à sa fidélité
la vie chemine vers sa vérité
ou s'égare se perd et se contracte
être fidèle à soi en toute raison.
La fidélité c'est quoi ?
Je m'appartiens dans ma solitude assumée
d'Homme aussi éphémère qu'éternel
qui nappe son éthique d'un amour emblématique

amour libéré croit-il
mais est-on jamais vraiment libre au plus profond de son être ?
Tout devenir fragilise celui qui accueille ce qu'il devient sans condition.
Je ne me reconnais plus
le ciel se dégage au-dessus de mon champ de vie.
Qui suis-je
qui suis-je donc dans ce froid chaleureux
à chercher ma voix entre ses bras ?
Elle ne m'appartient pas.
Je n'appartiens à personne.
Corps indéfinissables territoires.
Donner se donner se perdre et se retrouver.
Je me sens redevenir sauvage
lorsque ta chair m'inonde de libertins exutoires
rompre la digue
l'horizon est un encensoir.
Comment ne pas y croire ?

Suffocation

Le sens se noie dans les sombres soubassements d'un silence suffocant. Il étouffe. À en perdre le sens du sens. De l'air. Vivre est un Himalaya parfois. Toujours ? Suffocation. Indésirables suffocations. Est-il un Etna asphyxié ? Suffocation infernale. Inepte. Oppressante à en mourir. À en désespérer de vivre. Respiration obstruée. Souffle pénible jusqu'à l'angoisse. Carence d'oxygène. Manque suprême. Il inspire. Il expire. Et il aspire à davantage de légèreté. Le souffle est lourd. Ronflements sourds de glaires gluants qui oppriment la mécanique contrariée. Trachée en feu qui régurgite sa souffrance sans sentiment. La mort rode. Insidieuse. Mortifiée. Et mesquine. Crever plutôt qu'étouffer. Étouffer à en crever. Râles tentaculaires et occlusifs. Résister. Suffoquer. Dans des halètements acharnés. La vie est-elle un acharnement ? L'inconfort d'une douche essoufflée d'elle-même. Le réconfort du respirateur enfin retrouvé. Respirer. La tête explosée. Le cerveau éprouvé par l'intention et de stresser d'étouffer dans l'allégresse d'exister… Le sens se noie avant de ressusciter. Encore une fois. La vie a triomphé. D'elle-même ? Car il y a l'amour qui attend à côté. Et le désir qui frétille de la passion. Et la vie. Cette vie qu'il ne veut pas lâcher. Pas encore. Pas avec cet amour-là à ses côtés. Respirer. Il inspire. Puis il expire. Et il inspire encore.

Désolation

Il a envie
elle pas
i dit mal
faut dire comment
faut dire avec les mains
les mains en a pas
faut dire quoi
faut dire rien
ou à peine
pas grand-chose
avec les yeux
avec le cœur
faut dire avec ses mains
mais chuchotent trop bas
on les entend pas toujours
alors faut dire comment
normalement
normalement comment
normalement autrement
autrement comment
comme t'as envie
mais j'ai envie
ben dis-le bien alors
moins brut
et plus de sentiments
voilà c'est ça
avec plus de sentiments
et les mains
accessoirement
mais les mains il en a pas
i fait quoi dans ce cas
il attend

tout simplement
de s'faire mieux entendre
ou qu'ça bouillonne en chœur

Effervescences

Elle enchante son membre orphelin
Petit matin au chaud du lit
elle pose sa bouche
ses lèvres
encore engourdies et brûlantes
de la nuit
Elle enchante ses sens
Plénitude
ondoiement bleu au fond du lit
sa bouche compose
ses lèvres aussi
encore endormies et éprises
de la nuit
Il rêve il fantasme il jouit
l'Homme
Elle enchante sa vie
Mains radieuses à la mélopée enjôleuse
A-t-il rêvé ? Elle dort sans bruit.
Ils s'émancipent

Elle se donne

Elle donne. Elle se donne. Sans compter. Son corps en partage. Elle partage sa charnalité et ses sens à nus. Offrande intime. Félicité altruiste. Ceci est ma chair ; ceci est mon sang ; le sang d'une alliance nouvelle et éphémère. Sacerdoce jouissif. Divin don de soi. Éclats de joie. Elle s'abandonne en toute liberté. En toute humanité. Authentique et sincère jusqu'au bout de ses doigts qui s'attardent sur une déréliction meurtrie. Dehors il fait froid. Dedans c'est la vie qui renaît un peu à elle-même. Dans l'intense extase d'une mélodie charnelle. Elle se donne comme vous respirez et comme il aspire à la retrouver. Elle reprend vie en donnant vie.

Il attend. Il l'attend. Sans compter. Il partage. Il la partage à sa manière. Ils partagent le plus intime d'eux-mêmes. Elle n'appartient qu'à elle. Il n'appartient qu'à lui. Ils s'appartiennent sans condition. Le jour. La nuit. Et lui ? À travers elle, il se donne profondément. Il donne pudiquement. Ce qu'il a de plus cher au monde. Sa lumière à elle. Pleine d'ardeur sensuelle. Cette lumière dont il est épris. Cette lumière qu'il désire en corps et en esprit. Encore et toujours d'un amour sans détour. Pudeur suprême. Il la veut fougueuse. Sauvage. Donc libre. Elle est sa liberté. Cette liberté qui le fait vibrer. Qui les fait frémir à en vivre ! Dehors il fait froid. Dedans c'est la vie qui se glisse dans la vie. Il l'attend. Il attend. L'instant du retour.
O liberté quel est ton prix ?
Jouir. Insatiablement jouir. De l'existence. De l'existant. Des sentiments qui se désirent. Savourer. Fulgurances sublimes. Sublimes appétences.
O libertés d'un fol amour !
Chaleur des corps qui se retrouvent. Incandescence des sexes qui s'épousent dans l'éternité de l'instant présent. Jouissances. Elle donne. Il attend. Elle se donne. Il l'attend. Don ultime. Le temps retient son souffle. L'espace d'une parenthèse hédoniste. Effervescences mutuelles. D'une liberté fondatrice et féconde.
Il est libre. Sur son chemin. Elle se réalise. Il s'accomplit. Le chaos prend forme au rythme exaltant du Vide. Engendrer son Être dans les flots tumultueux du Néant. Puissante solitude d'un avenir infini. Il ne tient qu'à eux de s'aimer pour les siècles des siècles. Et bien plus encore.
Un destin est-il écrit sur du sable ou sur l'azur ?

Aimer

C'est si facile de dire « je t'aime » mais si difficile de le vivre et de l'incarner sereinement. Pourquoi ? Qui peut le dire ? Amour tiraillements d'egos en mal de liberté d'être. Amour dépassement permanent pour se détacher de l'ombre qui encombre nos recoins sombres de nostalgies oppressantes. Se donner, libérer du non-être, de tout ce qui réfrène le don de

soi, s'alléger du poids de nos angoisses mortifères, afin de mieux se donner pleinement. Nous sommes notre propre enfer. Celui qui regarde en arrière, ce qui a été, non ce qui sera ou ce qui pourrait être. Un autre soi. On ne peut pas regretter et aimer à la fois sans se déchirer au plus profond de son âme, sans se mordre un peu les doigts de n'être plus celui qui fut. Amour, sagesse ou folie infinies ? Amour, renoncement libre de toute contrainte, de toute sujétion. Souffrance du renoncement vécu comme un asservissement, une perte insurmontable. C'est si facile de dire « je t'aime » mais si difficile de le vivre et de l'incarner paisiblement. On ne peut pas aimer et perdre en même temps son souffle intérieur, son élan vital, la singularité de son âme. On ne peut aimer qu'en se donnant en toute liberté. Souverain lâcher-prise. Ineffable libération. Combien de déchirures et de déchirements ne faut-il pas endurer pour atteindre l'acmé de cet amour-là ? Épurement de soi dans des soubresauts brûlants et bruyants de son être. L'esprit en feu essoufflé. L'esprit débordant de pensées chaotiques qui rongent l'en-vie jusqu'à la mort du cri torturant. Jusqu'à l'ultime offrande. Le basculement vers l'indicible, les inatteignables confins d'une liberté tant espérée sur les contreforts de nos frustrations. Il est si fort, si puissant alors de dire et de penser « je t'aime ».
Je me sens si petit, si faible et si fragile devant cet amour en partance vers la Vie. Je ne suis que doutes et incertitudes devant tellement d'obstacles à surmonter avant de respirer sans me retourner. D'autant que l'amour se vit et se construit à deux. J'ai perdu toute prétention d'être invincible. Je ne suis plus que mon propre cœur de cible. Je vacille sous les morsures du temps qui m'enlise dans mes tourments. Je suis petit, faible et fragile. Où sont mes certitudes d'antan ? Égarées dans le vent de mes maux impuissants à se délivrer d'eux-mêmes. Où est passé mon intrépidité ?
Renaître. Par l'Amour. Celui qui se donne sans compter. Comme un soleil flamboyant. Aujourd'hui, c'est le premier jour de l'hiver. Puis suivra le printemps. L'amour est un bourgeonnement incessant.

Fidélité

Ton corps est-il mien ?
Le mien est-il tien ?
Qui appartient à quoi ?
Qui appartient à qui ?
Qu'est le corps sans l'esprit ?
Qu'est l'esprit sans le cœur ?
Être fidèle à sa foi
être fidèle à sa voie
faire corps avec soi
pour ne pas perdre son toit.
Jusqu'où va la liberté sans enfreindre ta vérité ?
Ou la mienne.
Que vaut un corps attaché
si le cœur n'y est pas ?
Elle se donne à lui.
Elle s'abandonne à moi.
Le sexe est vaste, le sexe est iconoclaste.
Le tien. Le mien. Le nôtre. Celui des autres.
Je me donne à qui ?
Je m'abandonne à elle.
Fidélité transactionnelle
pour un corps à cœur éternel.

Le corps du délit

Pesant corps poissant de délits
poisseux corps du délit pesant sur une vie
sur toute vie qui veut s'émanciper
qui voudrait tant s'émanciper
comment t'aimer et vivre avec toi
sans s'opprimer ni déprimer ?
Ce corps qui fait souffrir
par son immobilité apparente
ce corps aux plaisirs contraints et contraignants
dont les élans sont aussi frustes que frustrants
ce corps catacombes cataclysmiques
que le désir propulse vers ses limites.

Je suis ce corps. Je suis ce mouvement intérieur
détourné de l'extérieur. Je suis ce mouvement immobile
aux gestes figés à jamais dans l'attente et dans l'impossibilité.
Étreintes et caresses suspendues à de présomptueuses envies.
Je ne suis que ce qu'elles donnent
qu'elles me donnent
et que je m'octroie
je suis le corps du délit d'être autre
d'être contraint et contrit
sur le fil de la vie
une existence qui m'a bridé un corps trop plein de vie
dont elles sont privées elles aussi.
Je suis un désir qui supplie
et se désespère de lui-même.
Je suis le corps du délit.

Lettre éplorée

Suis-je malheureux de ne pas être moi, pleinement moi ? Ne pas être ce corps de joie qui m'habite mais ce mouvement perpétuellement réfréné dans ses élans physiques. Cette vie infatigable qui palpite. Ces sens gorgés de désirs incandescents. Le soleil vacille sur la cime de mes convictions. Tout mon être se fissure imperceptiblement.
Toujours assumer, dépasser, transcender. Repassez plutôt un autre jour, ce n'est pas le moment de faire l'amour. Déchirures déchirantes d'un peu de soi-même. De beaucoup de soi-même ? Désespérance qui chancelle instant tanné après instant tanné. Je suis. Interrogatif et songeur. Le brouillard s'épaissit autour de mon âme écartelée. Mais est-ce l'âme ou l'esprit qui coasse tant dans ce corps sans entregent sensuel ? Cet esprit dont la virulence s'accroche à ses frustrations.
Je perds le goût de moi-même. C'est cela être homme ? Ce continuel tourment, telle une ritournelle obsessionnelle, qui vous érode jusqu'au sang, jusqu'à en perdre le sens du charnel. L'envie même. À tant se sentir fade, frustrant, fruste et sans grand intérêt sensuel. Bête de sexe déboulonnée. La réalité est implacable. La vérité immangeable. Je me nourris de quoi ? De qui ? Je suis un vampire fatigué. Et cette lassitude qui grogne et invective mes certitudes déchues. Le sol se

dérobe sous une chair déconfite au fil des décennies. Seule la nuit est le témoin furtif et silencieux de levées impromptues délivrées de toute crainte coupable. J'ai déraisonnablement rêvé de devenir un mâle différent, pour n'être finalement, à mes yeux, qu'un ersatz érotique qui se bat, vent debout, contre lui-même et ses désirs ardents autant qu'ardus. Ne pas être un boulet, une redondance pathologique, la queue basse qui n'ose plus frétiller. Retrouver de l'allant et un élan allègre. Réagir, me redresser. Respirer. Croire et aimer.
Suis-je un homme ? C'est quoi être un homme ?

Indulgence

Faut-il regretter de ne pas avoir été une cigale s'étant trémoussée sa vie durant ?
Faut-il regretter d'avoir passé son temps à tisser sa vie araignée du soir espoir de l'émouvoir encore un peu au seuil du tournant ?
Faut-il regretter de n'avoir pu être un espiègle bonobo jouissant sur sa branche libertine ?
Faut-il regretter d'avoir toisé la vérité de son existence avec cette lucidité qui ne se méprend guère sur sa trivialité charnelle ?
Indulgent. Être indulgent avec soi-même, dans ce monde aussi austère qu'une croûte accrochée de guingois dans un cabinet dentaire, est-ce une gageure ?

Ne point posséder l'autre dans le lit de la jouissance, partager et laisser vivre dans le lit de la tolérance. Partager pour ne pas enfreindre les voies délicates de la liberté, aussi intimes soient-elles. Croire et laisser croire afin de mieux croître au plus profond de soi-même. La chair est faible. La chair est foi. La chair est vie tant qu'elle est vraie. Indulgence et tolérance sur les berges d'un amour qui s'adapte. Ne pas obstruer l'horizon vital. J'avance à tâtons. Mais j'avance. Imperceptiblement. Mais sûrement. Partage univoque ou partage réciproque ? Liberté, déterreuse d'angoisses. J'ai peur. Elle a peur. Nous avons peur. La peur rend vigilant et lucide. Liberté, fil d'Ariane ou chaîne de toute émancipation

? La possession est vaine et illusoire. Pourtant qu'elle est difficile à apprivoiser avec sérénité. Mot incantatoire ou incarnant. C'est une fredaine acidulée lorsqu'elle est maniée avec légèreté. Ma liberté a l'espace que lui octroient les sentiments de proximité.

Mirage. Ne suis-je qu'un mirage qui tente de se réveiller ? D'ouvrir les yeux sur sa réalité ? Je suis las de me confronter à mes ombres. Les jours sont trop sombres sous un éclairage désespéré à force de trop attendre de mes fantaisies érotiques. Accepter l'insupportable. Renoncer à l'inabordable. Avec cette indulgence que confère le passage du temps, de l'âge abrasé par les expériences. Qu'il est ardu d'être indulgent lorsqu'on est ardent. Une obsession s'éteint lentement afin qu'une sagesse surgisse du tréfonds de l'être. De moi. Afin que je puisse mieux aller vers elle. Si indulgente avec nous.

Condoléances

Renoncer à être ce qu'on ne deviendra pas.
Faire une croix sur certains émois. Désirs contrits.
Cesser de s'entêter à déterrer des fantasmes vains. L'esprit en miettes.
Arrêter de se ronger jusqu'à l'âme, le corps en sang. Désirs déchus.
Chute vertigineuse et sans fin ni rémission. Se libérer d'une humanité bridée.
Malheureux jusqu'à l'indicible.
Corps de cible, esprit asphyxié.
Et tout l'être qui étouffe dans ce conglomérat affectif.
Je suis paumé, perdu d'être détroussé d'une part de moi-même.
J'ai le sentiment d'avoir tout donné.
Mais c'est quoi tout ?
Courir après son ombre tel un dératé courant après sa queue dépitée.
Faire le deuil de son propre deuil. Désirs du matin chagrin, plaisirs du soir routine. Deuils sublimes.
Laisser mourir le fruit défendu qui pourrit en borborygmes mentaux dans les relents torturés de la nuit.
Condoléances à un passé dépassé par ses illusions égarées dans l'irréalité.

Je suis paumé, je ne me supporte plus moi-même à force de sombrer dans une quête si absconse.
Mais qu'est-ce qui n'est pas abscons ici-bas ?
Mourir à soi-même pour renaître autre. Plus libre et plus serein.
Injonction de s'assagir contre lassitude d'une certaine sagesse.
On a toujours le choix de se faire souffrir ou de se faire vivre.
Je suis mes propres limites.
Que cache la nuit ? Que veut le jour ?
Que serais-je sans l'amour qui m'élève ?

Presque rien

Je sais si peu
presque rien
pourtant c'est tant
dans ce monde à feu et à sang
certes souffrir
étouffer sournoisement
n'est guère un avenir affriolant
pour un homme débordant
d'aspirations et de sentiments
Mais elle m'aime
d'un amour si renversant
que les maux s'effritent par tout temps
je me sens stupide
si petit parfois
devant mes errements d'égrotant
lorsque l'évidence sonne
à la porte de mon entendement
elle m'aime d'un amour si renversant
avec son ingénuité de femme-enfant
En attendre davantage serait indécent
elle qui donne tant et bien plus encore
je suis un piètre amant
mais un si brûlant aimant
aspiré par son virage…
elle m'aime d'un amour
si renversant.

Gélatine

Corps gélatineux clapotant ardemment dans leurs chairs haletantes. Jouissant à bride abattue et à sexe que veux-tu. Jouir sans retenue. Sans attendre. Les reins foudroyés par une fulgurance orgasmique.
Pétrir ces corps orgiaques qui tressautent avec une trivialité réjouissante à l'entrain de hussard carné. Voluptés charnelles dans un entrelacs de charpentes dodues rutilantes de sueur extatique.
Le Titien, Fragonard, Goya, Renoir, Courbet ou Gauguin, prémices au coït dans des déploiements plantureux et sensuels. Intense splendeur des rondeurs indicibles qui happent un regard encenseur.
J'aime, en pleine lumière, dévorer d'un œil insatiable les formes pleines et entières de son être juteux et désirable. Que diantre, femme au charme charnu, engloutis-moi en un hallali carnassier !
Qu'attends-tu pour me livrer à tes soupirs débridés par l'attente et des désirs à peine énoncés ? Quelle est cette sagesse sauvage qui rugit du fin fond des âges ?
La vulve en bataille engloutit mes ultimes vestiges d'humain assombri par la déréliction de ses tristes entrailles. Objet de plaisir et sujet d'attention, quelque chose chavire qui traverse l'horizon.
Je suis la vie.
Je suis l'éternité dans un corps éphémère qui bande sa vérité en gestation.

Accompagnement

Présences inopportunes
qui freinent indûment
une liberté soumise
à cette pesanteur
si quotidienne
que le temps
se confond
avec une
envie
de
vivre
autrement
cette liberté
autant brimée
qu'elle chancelle
entre nos tourments
pas beaucoup plus libres
que deux oiseaux encagés
qui s'aiment passionnément
malgré d'inopportunes présences

Méli-mélo

Sa bouche sur leur bouche. Ses seins, son corps, entre leurs mains. Ses corolles humides offertes à ses soupirs désœuvrés. Cette chair, cette bouche, ces seins, ce corps, ces turgescences généreusement mutualisées et démultipliées, brisant le mythe d'une certaine fidélité. Troublant partage charnel. C'est elle que j'embrasse, mais également lui, eux, tous ces fantômes insubstantiels qu'elle transcende. Tous ceux, et toutes celles, à qui elle prête sa bonté sensuelle. C'est elle que j'embrasse, mais aussi tous les autres.
Jalousie ? Que nenni. Il est des partages déconcertants qui vous laissent bizarrement dépossédé d'une parcelle de vous-même. Sans voix. Être infidèle par amour pour sa culture et pour sa philosophie. Liaisons singulières. Choix de raison

bien plus que de cœur. Sacrifice d'amour pour panser des malheurs livrés à eux-mêmes. Don de soi par procuration à tous ces fantômes en mal d'incarnation.
Et puis, la puissance de l'amour qui donne tout et bien davantage encore dans un délitement inouï où les fantômes sont instantanément balayés dans le passé. Pour ne laisser place qu'à un présent fulgurant de désirs voraces. Fusion charnelle insubmersible. Amour affamé d'eux-mêmes. L'amour n'est plus que désirs et plaisirs entre des amants inexorablement aimants. Les fantômes sont si loin.
Il y a nous. Et il y a eux.

Chili

Elle est de là-bas
et d'ici
sa source est là-bas
sa vie est ici
ma douce Pâques
bleue et impétueuse
tel cet océan trait d'union
entre là-bas et ici
Femme singulière et multiple
que la nostalgie habite
je sens que tu chavires et que ton être palpite
tu te rejoins inexorablement
pour ne plus faire qu'un avec tes racines.
Je ne suis que ton appontement lumineux.

Blocage

Dès potron-minet
il gaillarde in petto
il s'étire sans mot dire
figé sous la couette
telle sa propre oraison funèbre
de ne pas oser un soupir
Blocage cérébral
de ses sens en cavale
juter pour ne pas chuter

dans un jour banal
Triste sire que celui qui
se morfond dans un silence
d'outre-tombe de ne pas oser
solliciter cette main si généreuse
chaudement posée à côté
d'une vigueur matinale.
Triste animal
matinal
corps regorgeant de sève
tendu à l'extrême
à l'orée du sommeil
au seuil du réveil
corps ragaillardi
envie impromptue
il est matinal
l'œil à peine éclos
il bande ses sens et sa vitalité
sous la couette encore endormie
elle dort
jusqu'à la sonnerie intempestive
toute engourdie
par une nuit rêveuse
encore égarée dans sa volupté
nocturne
elle titube hors du lit
sous l'œil frais
de son animal matinal
pressée par une envie
un peu plus triviale…

Coccinelle

Sur mes yeux et dans mon cœur
tu t'es posée telle une envie d'ailleurs
une apothéose venue combler
une existence déjà bien entamée.
La fenêtre s'est alors éclairée
d'un bonheur que les jours vénèrent
derrière la vitre jubilant de lumière
que caresse ton intense regard ailé.
Je suis né à autre chose.

Irrémédiable

Sentir son corps s'étioler
son cœur s'épuiser
avec le sentiment de puiser
dans ses ultimes ressources
tirer sur la corde d'une vie
qui a tant donné
s'essoufflant à chaque respiration
un peu plus un peu plus profondément
sentir la mort s'immiscer
dans ses organes
rongeant le souffle d'une existence
rognée par un temps insensible
aux soubresauts de la cible

Désolation

Désolée pardon je m'excuse pardon je m'excuse désolée je m'excuse désolée pardon
pour tout pour rien pour trois fois rien
fautive à tous les coups dans son tort à coup sûr
elle avance pleine de regrets de remords de doutes d'inquiétudes
et si peu de certitudes tant de sollicitudes et si peu de certitudes
née coupable irrémédiablement coupable
De quoi ? D'être née ? D'être vivante ? Si vivante. Trop vivante ? D'avoir été abandonnée ? D'être lumineuse ? Si lumineuse ? Trop lumineuse ? Trop bleue ? Si grande et si petite tout à la fois. Avec trop peu de foi en elle ?
Vas savoir où se niche le manque de confiance en soi.
Mais ça viendra. C'est une certitude.

Nous

Juste elle et moi. Rien qu'elle et moi. N'importe où. À la terrasse d'un restaurant. Sur la terrasse surplombant le jardin. Dans une salle de cinéma, si proches. Des enfilades de rues rayonnantes. Sous la couette. Dans la maison. Lumineusement apaisée. Juste elle et moi. Nous. Comme une respiration inspirée par le bonheur d'aimer.

Ses mains

Ses mains se promènent
douces et câlines
Toucher sensuel qui déplisse
la chair circonscrite à elle-même.
Ses mains amènes se promènent
voluptueuses et réjouissantes
sur ce corps aux courbes cassantes
qui respire la vie
à travers son décor chaotique
que ses mains transcendent
et gonflent de plaisirs
astronomiques.

Tapis volant

Sur un tapis volant
entre Istanbul et Ispahan
Issy-les-Moulineaux ou Issoire
suivre le satin des soupirs et des soirs
inspirant une vie d'amour
sur un tapis volant de velours
où s'épanouissent ardemment
cœurs et sexes en soie singulière
sous un ciel que lisse le temps
Entre ses bras je suis sur Terre

Galerie marchande

Tant de femmes fessues, faisant face à leurs futiles envies, filent sous la frondaison d'une galerie commerciale où défilent fanfreluches, falbalas et fariboles à profusion. Ce flot de fesses foisonnantes, fières ou flasques, flâne d'une démarche dodelinante, foulant boutiques et allée centrale en quête de folâtres frivolités. Farandole de formes callipyges en jeans moulants, fourbus d'être fessés avec fougue et entregent, flattent mon œil nonchalant. Il y a forte affluence sous la verrière qui résonne de futiles fantasmes fleurant bon l'ennui d'un essoufflement foudroyant. Spectateur vagabondant à l'ombre de la vitrine d'un restaurant, j'observe. Je regarde les passantes qui passent, leurs fesses en devanture bien malgré elles. Inconscientes de mes indiscrètes fredaines. Faut-il se fondre dans la flatulence de fugaces pensées pour exister ? Rien n'est plus beau qu'une femme flamboyant en toute innocence. Mes yeux bifurquent vers la chevelure bleue qui ondoie sur mon cœur. Et un fulgurant désir de faire corps avec elle m'enflamme d'une foi grisée.

Les joies du vieillissement

Les vaines avanies de l'âge viennent vaincre les ultimes outrages de la glace qui se brise tel un vieux débris de vertige. Miroir que me renvoies-tu cette anarchie capillaire qui s'épanouit par devers moi sur ma tronche de travers ? Poils rebelles et fourbes qui s'ingénient à déranger l'harmonie de ma naturelle beauté vieillissante. Ingratitude du temps qui passe avant de trépasser ! « Miroir, mon beau miroir, suis-je toujours le plus beau ? » Oui, à condition de t'épiler. Les avanies s'effacent à coups de pince bête et de panse à épiler la face afin de ne pas la perdre définitivement. Que ne faut-il faire pour rester décent, présentable voire séduisant ? Le printemps bourdonne et l'homme bourgeonne comme un bellâtre décati qui s'accroche à l'espoir d'être encore un peu désiré, sous des nuages aussi gris que sa pilosité débridée.

Renoncement

Il faut qu'il se transcende
laisser le temps au temps
les nuits sont parfois plus lumineuses que le jour
tourner la page une pâquerette entre les dents
renoncer à l'éphémère aussi jouissif soit-il afin de cultiver un bonheur qui s'épanouit intensément
renoncer à de petits plaisirs qui bloquent désespérément pour nourrir un Amour infiniment
renoncer la mort dans l'âme à une flamme afin de mieux entretenir le feu
Vivre n'est qu'une suite de renoncements dont la liberté est l'aboutissement
Sommes-nous vraiment libres maintenant ?
Il voit la vie qui vole sous le firmament
il faut se transcender dans les rires et les tendresses enchantés
il le sait elle également
la Vie est un ruisseau qui creuse sa voie patiemment

Tremblement

Il me semble que je tremble
sous ce saule qui nous ressemble
enlacé dans tes branches qui flottent autour de mes émois accorts
m'emportant à bras-le-corps
vers le jouir sa voie
j'ai foi comme j'ai vie
l'amour est un tremblement qui fait vibrer nos êtres
un séisme épanouissant où s'entrechoquent nos sentiments
je te veux
tout simplement
à l'instar de l'oiseau qui veut le vent pour mieux s'envoler vers le firmament.
Le temps trépasse trop prestement.
Jouir follement.
L'amour ne tremble pas, lui.

Fatigue

Quelle est cette lassitude qui s'invite dès l'aube ? Fatigue insidieuse rongeant l'esprit de ses forces obscures. Le sexe quelque peu hébété gravite autour de son ancrage. Douce abstinence aux frimas sensuels. Langue mélancolique. Langage maussade. Inondations. Le sol est gorgé d'eau ruisselant dans la cave hébétée. Sanglots célestes. Le ciel vomit un déluge d'invectives giclant sur les vitres et les tuiles. L'espace se délite. Souffle morose. Misère et précarité submergées par des roulements de tambours atones qui s'étonnent. Où s'en va le temps ? Comment ralentir cette fougueuse monture galopant crinière au vent de l'Éternité ? Errements pantelants, égarements indéfinissables, les dents élimées par la complainte des secondes qui passent. Morosité pernicieuse. Introspection chaotique. Inexorablement, la clepsydre coule sur des errances existentielles. Somnolence diurne. Se réveiller. Se redresser. Repartir. Continuer. L'été balbutie. L'âme s'interroge. Doute. Plus de certitude. Plus que des questionnements indécis. Les jours exsudent un ennui estival. Rien n'est plus mortel que l'oisiveté. Se ressaisir. S'encourager. Afin de se remettre debout en pleine lumière. Vivre. Dans un sursaut de vitalité. Et d'orgueil. Reprendre la route, tel un pèlerin infatigable.

Allégories sensuelles

Sein étoilé

Un sein   la nuit
une main   sur le sein   la nuit
une main étoilée   sur le sein velouté
il est rond elle est tendre
la nuit est chaude la chambre plongée dans le clair-obscur
l'image est délicate et discrète
d'une sensualité voluptueuse
beauté incarnée
image instantanée.
      Il est en extase.
     Devant un bonheur ineffable.
Il est des nuits suspendues qui ouvrent sur des jours éperdus.
La vie est une caresse.
Parfois.

Pénétration géométrique

Triangulation charnelle :
qui est qui
qui est quoi
qui fait quoi
qui fait qui
Corps indissociables
         Indissolubles dans la réalité
vérité indéchiffrable d'une union à contre-courant
en dépit du bon sens
géométrie kaléidoscopique
grigri sensuel
pour accordailles sans pareilles
ils se pénètrent étrangement
dans un déploiement Braque
mais qui pénètre qui
mais qui pénètre quoi
Beauté mystérieuse du désir d'engendrer le plaisir
et la fascination
dans une imbrication interrogative.
Indescriptible têtard dont elle est le moteur et la cible.
Il est des désirs inextricables.

Plongée fluorescente

Tout est criant. Presque criard de vérité. Entrejambe plein d'entregent. Éclatant écart céleste. Don de soi pour une provocation soyeuse. Elle doit sourire du haut de son abandon vertigineusement beau et troublant. Car il est troublé. Devant cette fleur impudique et conquérante qui le toise avec une grandeur voluptueuse. Elle se donne telle une femme libérée d'elle-même. Tout paraît irréel dans cette surexposition du désir. On croit l'entendre gouleyer de sa vulve qui sourit. L'homme-machine a beau se draper dans une écharpe irisée, il est sans voix. Fascination palpitante. Quelque part, il sent le désir s'ériger en une invite incandescente. Il aimerait bouger. Il aimerait la prendre malgré son immobilité. C'est évident pour qui le connaît. Elle le connaît. Intimement. On dirait qu'elle s'approche. Qu'elle se met en mouvement. Quelque chose laisse à penser qu'elle bouge pour deux. En vue d'une plongée fluorescente. L'amour est impénétrable.

Désire-moi

Bleue
Atmosphère bleue
comme si le ciel s'ouvrait devant elle
comme si elle était infinie
intouchable
telle la mer qui la domine et la berce
majestueuse et silencieuse
bleue si bleue.
Pourtant
alanguie
dans sa nudité somptueuse
son regard s'échappe
et se tend
vers lui
dans une invite aguicheuse.
Mystique sensuelle.

Extase bleue

Jouissance cambrée dans un élan radical
cambrure féline à l'impudeur océane
courbes sublimes plongées dans une lumière d'un bleu berçant.
Elle n'est que volupté et désir ardents.
Sont-ce les vagues qui semblent fondre sur son sexe ou son sexe qui se tend pour les laper ?
Dieu, quelle gourmandise picturale incarnée dans un espace virevoltant !
Elle semble se chevaucher en éveillant le halètement du regard posé sur elle.
Elle câline l'orchidée qui s'émancipe sous ses doigts délurés.
Liberté d'être. Sur un bateau ivre d'un bleu transcendant.
Il la regarde, fasciné de l'aimer. Il voudrait franchir l'espace qui les sépare
et la pénétrer avec une fougue à la hauteur de son abandon pour mieux s'en imprégner et s'y noyer.
Elle est de l'autre côté du miroir.
Beauté abyssale…

Cubisme charnel

Losanges fessus
en lévitation
aussi dodus que charnus
dans une réplication anthropique
Il est des culs géométriques
qui donnent des envies
de parties carrées
où les sexes seraient indissociés
et
indissociables
Confusion des rôles et des genres
vers une orientation unique
où les différences n'auraient plus d'importance
Sexualités
!

Extases

Éblouissement visuel. Hymne sensuel. Pour une extase élancée ! Elle est grandiose. Elle est sublime dans ce bain de lumière qui réinvente sa volupté. Surexposition charnelle où sa carnation étincelle dans une apothéose pulpeuse. Elle est belle. Elle est désirable. Dans ce féerique abandon extatique, elle est admirablement désirable. Elle le sait. Et le sent. Tout en elle semble exhaler un ravissement enivrant. Elle s'offre. Elle se donne avec une pudeur extrême. Portant ses seins telle une obole fruitée qu'elle tend à la vie. Et à lui. Lui qui la regarde avec une ferveur *de profondis*. Conquis jusqu'à la moelle de son être. De son âme. Ses yeux crépitent des soupirs intenses. Émerveillement épris. Douce griserie érotique qui transporte les sens. Il la prend. Elle s'ouvre. Il s'en pénètre dans un élan si somptueux. Puis, soudain, la lumière s'éteint comme un flash percutant. Elle disparaît. Immémorable et inaccessible image de pureté jouissive qui contemple son contemplateur. Mystique de l'amour.

Voluptés bleues

Abandon spirituel qu'inspire la beauté d'être soie
une soie bleue cherchant son image
en un miroir qui plonge dans l'azur
elle se livre volontiers au regard amoureux
qui s'attarde sur son corps couché vers l'océan
elle se donne en donnant à voir sa pulpe carnée
au grain voluptueux qui se met à respirer
dès qu'il pose sur elle son regard éploré
pour qui la devine et mieux encore la connaît
sa grotte sublime ornée de pétales de rose
distille déjà un parfum de liesse pulpeuse
promesse de proches jouissances sensuelles.
Et déjà son bouton se soulève et frémit
    en un conquérant silence accompli
        car à n'en pas douter
    dans un bref instant
        ses mains vont quitter
    une poitrine gorgée d'en-vies
        …

Totem vénusien

Quels sont ces tétons aréolés de gloire surgis de nulle part ?
Miroir, joli miroir, qui suis-je pour me croire autre que moi-même dans ce jeu déformant de l'hymen ?
Déesse élancée à l'infini, amulette qui s'étire autour de sa toison vénusienne, je suis mienne.
Sublime déformation difforme où la chair peu à peu se reforme différente et semblable à elle-même.
Invoque le Ciel et la Réalité recomposera une Vérité aussi interstellaire que cette nudité intrigante !

Pudeur charnelle

Pourquoi autant de timidité
toi que la vie a gâtée
?
Regarde-moi ma douce vérité
ne te dérobe pas à mes mots énamourés
!
Que j'aimerais enlacer ton corps élancé
à la posture si pudique dans sa nudité
!
Regarde-moi ô ma charnelle beauté
n'ignore pas mon insatiable volupté
!
Aurais-tu peur de trop me désirer
à plonger ton regard en mon cœur affamé
?
Ta chair pulpeuse est le champ éthéré
de tous mes fantasmes transcendés
.

Selfie mammaire

Triple regard sur la Voie lactée qui, d'un mouvement express, de sa gangue de dentelle s'est extirpée. O ce voluptueux nichon, ostensiblement exposé, qu'elle adoube de ses doigts experts afin d'éveiller l'envie folle de le titiller ou de le téter. Mais cache-moi donc ce sein que j'aimerais tant avoir pour lui susurrer entre mes lèvres le bonheur de le sentir frémir ! O doux abreuvoir de mes plus intempestives pensées que j'aimerais pouvoir te couvrir de mes baisers. Et ce miroir qui ne cesse de me provoquer. Et cet objectif qui ne cesse de me focaliser. Cesse donc de me narguer et viens sensuellement me provoquer !

Île vierge

Fascination
pour ce dauphin féminin
si féminin
fin
comme sa chair
aussi aquatique
que mon regard
qui a
faim
de ce dauphin féminin
élancé
et
sensuel
flottant entre deux eaux
avec une grâce de gazelle
qui aurait égaré ses prunelles
dans le bleu du ciel

Provocation

En chien de fusil ou en fœtus ?
Elle est assise
nue comme au premier jour
un téton insolent
fait un clin d'œil
pendant que le regard provoquant
défie avec un brin d'effronterie
l'objectif qui la saisit
Elle se donne à voir
elle se prend et elle s'offre
avec une malice tentatrice
irrésistiblement ostentatoire
Elle est belle à enflammer
un contemplateur blasé
Comment ne pas avoir envie de s'asseoir
avec elle dans la baignoire
pour la regarder s'extasier avec délice ?

Douche sensuelle

Il pleut sur son corps comme il pleut sur la nature alanguie. Gorgeant la flore de saveurs infinies. Comme sa chair épanouie. Sentez-vous l'eau qui la lèche avec une sensualité inouïe ? Entendez-vous ses seins qui sourient et paressent sous la pluie ? Et ce regard oblique qui transperce et avive celui qui le suit… Ses yeux emplis de braise et de douceur infinies font chavirer l'esprit de l'homme épris. Du cœur conquis. Ne tend-elle pas le bras pour saisir le sujet de son désir ? La bouche prête à l'engloutir. Regardez ses lèvres à la moue qui s'étire. En elle tout n'est que promesses d'une extase à venir. C'est fascinant une femme qui respire le sens du jouir. Comment ne pas souhaiter être l'âme inondée de ses soupirs ?

Totem mammaire

Fertilise-moi
assouvis ma soif d'être
vivre est un allaitement haletant
Ma déesse de la sensualité
il est des ferveurs charnelles
où tout mamelon est une porte
vers l'éternelle transgression
à moins que ce soit un bouton de rose
tapi sous sa propre apothéose ?
Fertilise-moi.

Échos

Loïc Cas et Marcel Nuss

Espérance

Fraîcheur chlorophylle
au petit matin quand la rosée
vous tend la main
respiration intense le souffle ample
sous une lumière rase
aux couleurs rayonnantes
prendre le temps
de peindre l'existant
euphorie matinale
qui frôle le bonheur absolu.
Être vivant
tout simplement.

La vie

La vie ne tient qu'à un fil arrimé au firmament
fragile et fort comme un battement en suspension
feuille morte que le vent emporte au premier souffle
régénérant
je suis ma propre saison
je fais la pluie et le beau temps
jusqu'à la désincarnation
avant de m'envoler au-delà de l'horizon
qui rythme les jours
d'un cœur au long cours
et telle la feuille morte au printemps
je renaîtrai inlassablement

Spiritualité

Avoir la flamme
entre ses mains déployées.
Avoir la foi
en une vie incarnée.
Avoir l'amour
dans son cœur libéré.
Avoir du corps
sous sa chair émancipée.
Avoir du sens
lorsque la mer est malmenée.
Avoir du désir
pour un être révélé.
Avoir la flamme
quand la nuit se met à vaciller.
Avoir l'amour
pour unique vérité.
Avoir la vie
comme chemin d'éternité.
Dieu que c'est bon
de vibrer.

Ils

Il dort nu
sous un soleil ardent
son sexe alangui repose sur sa cuisse
à côté de lui
il dort aussi
nu comme au premier jour
nu comme la vie qui se donne
elle les rejoint
s'allonge entre les deux
une main sur chaque corps sur chaque cœur
ils dorment nus
repus.

Nudité

Légère comme au jour du surgissement
sans afféterie sans apparat
elle regarde l'horizon
elle est l'horizon qui la regarde
Il a les mêmes ondulations qu'elle
elle a les mêmes rondeurs que lui
ils épousent leurs formes réciproques
Elle est debout face au vent qui la câline
volupté sous l'azur
liberté en apesanteur.
Le ciel est un témoin pudique

Elle

Que serais-je sans-elle ? Sans sa Lumière qui, telle une veilleuse inlassable, indique subtilement le sens. Si peu. Pas cet homme libre qui s'émancipe par amour entre ses bras à elle, si vraie dans sa liberté naturelle.
Une main sur la rambarde, un sourire accueillant. Elle regarde un rosier comme on contemple l'Éternité. Des abeilles butinent, des papillons dansent. L'air est parfumé d'une indicible vitalité. Sa beauté exhale une profonde sensibilité. Une main sur la rambarde, un sourire à peine esquissé. Elle respire la félicité. Sur son visage, une moiteur estivale scintille. Elle respire le désir qui s'épanouit sans bruit. Je la regarde comme on contemple l'éternité d'une vie tant désirée. Une main sur la rambarde, le sourire s'élargit. Comment ne pas l'aimer dans son immuable liberté ?
Que serais-je sans-elle ? Sans sa Lumière qui me réjouit. Le rosier frémit comme s'il avait saisi le regard posé sur lui, un pétale s'envole. La vie est une intense poésie, un instantané qui s'inscrit dans la mémoire.
Juste une main sur la rambarde et les pensées s'enchaînent. Dans l'instant. Demain est demain. Dehors, la rambarde reste imprégnée de la chaleur de sa main. Elle vient. Doucement, elle vient. Je m'élève à l'arrivée de la Vie.

Labyrinthe

Se faufiler dans un labyrinthe végétal pour trouver la lumière
d'un bonheur sidéral
vibration intime sur le fil du temps
tout n'est que mystère dès que l'amour se répand
je ne suis rien que moi-même
et toi ?

Embrasement

L'azur s'embrase avec effervescence
en un incendie céleste subjuguant
Telle une jubilation l'horizon enivre le regard
d'un déploiement de couleurs incandescentes
que mon âme déguste religieusement
L'atmosphère soudain flamboie
irradiant l'espace en quelques instants
avant que ce feu ne s'éteigne paisiblement
Apothéose d'un jour de plus d'un jour de moins
sur les hauteurs vertes le Ciel et la Terre se marient si bien.
Il faut redescendre maintenant

Impact

L'univers tisse sa toile en une étoile mystérieuse
Ouverture sur le monde sur l'inconnu sur l'absolu ?
Fissure béante sur un espace aléatoire qui s'écaille
dedans dehors qui suis-je où vais-je dans cette précarité qui
implose sous mes yeux ?
Je suis mon propre néant je suis le vide qui m'habite et
m'environne.
Je suis.
Je suis cet œil qui me regarde fixement
et m'invite à me rendre au-delà des apparences.
Je ne suis pas ce que l'on pense…

Et si c'était l'amour

Ombre et lumière sur la Terre
quel est cet indicible Mystère
qui nimbe nos regards bleu nuit

Nous sommes notre propre magie
ombre et lumière je suis fait de Chair
je suis fait de terre pleine de vie

Ombre et lumière sous un ciel étoilé
nos regards se fondent pour mieux se trouver
l'amour est un mystère qu'il est vain de sonder

Ballet

Ivres de mouvements
qui vibrent majestueusement
tel un chibre virevoltant
en un rougeoiement libre
gorgé d'une intensité de vivre
aussi fluide que le Tibre.

Passionnément ils se livrent
ondulant d'une fibre fugace
qu'une danse enivre d'audaces.

Rapprochement

Luxuriant
soudain un ciel luxuriant
où les nuages s'empilent
boursouflant l'azur à vive allure
d'une menace impétueuse
Le temps est à l'orage
les nues entament un galop haletant.
Main dans la main

Le cœur améthyste

14-15/01/2016

Il se flagelle à coups de trique
son corps est un blasphème à toute logique
on ne peut se méprendre sur ses limites
il se flagelle à coups de bite
dans le port de ses orbites.
Tiens, prends ! Vil cénobite
enfermé dans ta grotte de chair proscrite.
Immobile mais pas tout à fait
derrière son indésirable abord défait
il respire son intense présence
à elle comme on inhale la substance
d'une nuée de désirs indicible
et des vagues de plaisirs accessibles.
Elle a un cœur améthyste
Il a un corps hors-piste
hors-d'œuvre hors d'usage
hors normes hors d'âge
surtout hors de portée du tout venant
Il a un corps qui se mérite
dans une société pleine de prurit.
Tiens, prends ! Vil manant
enfermé dans ta grotte de chair proscrite.
Il est temps de s'asseoir sur la bite…
mais pas trop vite surtout pas trop vit
on a le temps quand l'amour vous habite.

15/01/2016

Tensions mortifères. Que savez-vous de l'enfer ?
Passer entre les mains maltraitantes de personnes incompétentes, as-tu seulement idée de l'ouragan nerveux que cela suscite ? Sais-tu seulement combien l'être chahuté, malmené jusqu'à la nausée, se sent l'objet de soins innommables ? Un objet soudain broyé par son altérité qui se délite.
Tensions mortifères. Mais que faire lorsqu'on est suspendue à des mains secourables afin d'exister un minimum sur cette Terre en sang où l'autre n'est plus alors qu'un désespérant mal nécessaire ? Un mal totalement inconscient du mal qu'il peut faire.
Que savez-vous de l'enfer ? Les nerfs à vifs, le cœur palpitant, et ce sentiment affolant de n'être qu'un objet à peine vivant, un morceau de chair pantelant dont l'autre est loin d'imaginer les tourments. Le regard trouble et l'esprit aussi déconfit qu'un espoir affligé d'avoir osé y croire.
Il est des gens qui ne méritent pas la porte qu'on leur a ouverte en grand pour les laisser s'introduire dans votre intimité comme on pénètre dans une fragile vérité. Et dire qu'ils prétendent vouloir aider ! Alors qu'ils sont incapables d'écouter. Et dire qu'ils sont persuadés de n'avoir que le meilleur à donner quand bien même ils sont ballottés par leur triste réalité, aveuglés par un mal-être plus profond que la nuit qui entoure leur mortifiante cécité.
Je connais bien l'enfer pavé de bons sentiments. C'est le pire, assurément. Si vous n'y prenez garde, il vous lacère les entrailles et votre foi en une certaine humanité. Je connais l'insouciance, l'indigence et l'irresponsabilité qui démembrent les doutes afin de s'accrocher encore un peu à l'illusion qu'on s'est peut-être trompé. On ne se trompe guère malheureusement devant certains échecs tellement patents, certains constats sans appel ni rémission des péchés d'orgueil mal placé.
Connaître l'enfer et ressusciter. Combien de fois l'ai-je expérimenté ?
Combien de fois vais-je encore le vivre car ma vie est ainsi configurée ?
Que c'est bon « d'être handicapé »… parfois !

16/01/2016

Ses lèvres qui dansent
Et la musique
…
Son sourire qui s'élance
Et la musique
…
Ses yeux si expressifs
Et la musique
…
La pénombre qui l'encense
Et la musique
…
Sa sensualité qui rayonne
Et la musique
…
Son visage qui s'épanouit
sa vocalise aux trémolos crescendo
jusqu'au cri
Beauté sublime de la femme qui jouit
offrande ineffable à l'homme épris
Et la musique
…
Je danse intérieurement
et je jouis le manque intensément
dans son palais gourmand
Je jouis violemment
notre amour transcendant
Et la musique qui nous enveloppe
et nous éveille à la Vie
au plus profond de la nuit
Et sa main qui nous effleure
faisant chanter nos cœurs
pour nous mener au paradis
Et la musique
…
Et la musique
!
Il est des attentes qui n'ont pas de prix
et des ententes pleines de Chairs
Et notre Musique

16/01/2016

Je suis un ver de terre luisant de toutes ses dents le soir tombant sur nos élans éclatants
   le bonheur est si évident lorsqu'il rime avec légèreté
j'aimerais suspendre le temps qui nous engloutit la nuit dans un flot de paroles intarissable
   le bonheur est un amant qui folâtre entre nos cœurs incarnés
je suis un ver de terre fringant dans ses bras aussi symphoniques que nos voix entremêlées
   et nos corps qui se cherchent en tâtonnant sous la couette
j'aimerais la prendre sur des ressacs renversants à l'instar de notre lumineuse complicité
   je suis un ver de terre folâtre dans l'âtre de son amour bleu

18/01/2016

Être au bout du rouleau
à la frontière extrême de ses limites
le corps fourbu l'esprit hagard embrumé engourdi
le regard explosé d'être épuisé
les nerfs en pelote
d'une irritabilité insupportable
au-delà c'est le fracas de l'être qui se profile
être à bout de tout surtout de soi-même
au point d'avoir mal partout
y compris dans ce poème
la sagesse est en berne elle n'a plus la force de s'imposer
prendre sur soi encore et toujours
mais jusqu'à quand ?
Heureusement qu'elle est sage pour moi…

21-22/01/2016

Il a tant besoin d'elle ô tant besoin d'elle
et il a si faim d'elle oui tellement faim d'elle
de ses ritournelles et de ses bagatelles
Il a le corps en feu il a l'esprit en vrac
Il est en ébullition tellement en ébullition
sous ses pieds la terre craque séismes sous sa hanche
Il cherche à retrouver le souffle et la lumière
Il a perdu sa force dans la bataille contre un certain mal
Il a égaré son énergie vitale dans une broyeuse émotionnelle
Il est à peine vivant il lui reste juste sa volonté et ses dents
de loup solitaire qui ne renoncera pas à sa liberté et à son intégrité
Il a tant besoin d'elle ô tellement besoin d'elle
de ses ritournelles et de ses bagatelles aussi rieuses que l'éclat de ses yeux
elle est son étoile polaire.

22/01/2016

Tout s'entremêle. Tout s'entrechoque.
L'univers inhospitalier de l'hôpital
machine à broyer les âmes au prétexte de guérir les corps dans un décor métallique.
On n'écoute pas. Ou si peu. Ou si mal. L'autre est une pathologie désincarnée. Efficacité oblige.
Transpercer. Analyser. Décrypter. Traquer pour mieux troquer. Quoi ?
Elle bouge ses sens, il est en panne d'essence. Pour une fois que l'horizon s'ouvre.
Il danse de la panse, elle pense sa danse.
La vérité naît du chaos, la liberté aussi.
Qui suis-je ? Le saurais-je jamais vraiment ?
Spleen. Immense et indéfinissable.
Tout s'entremêle. Tout s'entrechoque.
Pensées confuses. Pensées hagardes. Pensées vides.
Virage existentiel. Et après ? Qu'y a-t-il après le virage ? Le énième.

Vague à l'âme. Sensuelle. Tellement sensuelle. Inattendu ce moment. Suffocant. Tout s'enchaîne.
Instant suspendu à deux corps nus, luisants et perlés. Intensité et intentions orgasmiques.
Et les poumons qui râlent. Discordance. Dysharmonie. Malade et vivant. Vivant et désirant.
Dans le no man's land tout s'agite. Tout n'est que questionnements au plus profond. Prendre le virage.
Je suis le changement, je suis la maturité, je suis la sagesse que je me permets. Qu'elle me permet…

30/01/2016

Elle
ma lumière éternelle
mon arbre-cœur
mon âme sœur
Elle
ma flamme intérieure
ma source vive
mon futur infini
Elle
le sens du bonheur
cette humanité généreuse
cette chair pulpeuse
Elle est mes nuits, elle est ma vie
le temps suspendu à son souffle irradié
vitalité radieuse
Tout en elle conspire les sens
afin de conduire au sens
de ce qui fait essence
en nous
tel un écho subtil
Elle me révèle, elle me grandit
mon elfe charnel
ma naïade éblouissante
en elle bat le cœur
de la
Pachamama

le cœur des origines
de tout
ce qui fait nous
de ce qui fait
Elle
Elle
ma foi suprême
en la vie
qui nous a réunis
par Amour
Mais qui suis-je pour l'aimer ?
Elle
mon feu follet spirituel
ma jouissance ultime
Comment ne pas être humble
à ses côtés ?
Sinon comment l'aimer
véritablement
?
Elle
.
Ma galaxie pétillante
.
Elle
.
Ma libertine sublime

31/01/2016

Ma braise renaît de ses cendres désincarnées. Le feu vital brûle à nouveau dans sa chair embrasée.
Comme au temps de sa gloire sensuelle.
Éveil effervescent de son incarnation reconquise.
Je retrouve ma braise comme on retrouve la lumière.
Elle crépite avec malice de tous ses sens.
Corps-brasero pour Cœurs arc-en-ciel.
Elle pétille d'une fraîcheur gourmande inédite. Elle est sensuellement sens.
Elle éclot à elle-même. À nous-mêmes. À la vie si longtemps bridée.

Je m'épanouis. Je ris. Tout semble soudain simple. Tellement simple. Quand elle revit.
Quand elle soupire à gorge déployée. Quand elle désire.
Quand le désir nous désire.
Quand les sens s'égrènent avec intensité.
Légèreté au milieu des contraintes. Légèreté au cœur d'étreintes contingentées. Surfer sur les limites.
S'arranger avec les lourdeurs tyranniques.
Jusqu'à atteindre d'autres libertés. Notre liberté. Dans la confluence de nos êtres délivrés.
Ne pas être victimes d'une prétendue fatalité.
Surfer sur les limites. En attendant de surfer sur les libertés.
Ma braise a retrouvé le feu sacré.
L'horizon peut respirer.

31/01/2016

Je suis un explorateur des sentiments. Je suis l'explorateur de moi-même. Je sonde mon être comme on arpente un labyrinthe spirituel. Je suis mon propre esprit de contradiction. Je suis exploré. Je suis explorant. Je suis un exploré consentant. Je suis un explorant consenti. Toujours en quête de mon point culminant. La vie n'est que dépassements. Je suis mon dépaysement. Dans son sexe éblouissant. Elle est mon point stimulant. Elle est ma source et ma finalité. Elle est l'horizon de mes explorations. Elle est ma pépiniériste vivifiante. Je suis explorateur éternellement. J'ai l'amour passionnément suspendu à mon firmament. Et ses ineffables encouragements.

1er février 2016

Lourd pesant contraignant dérangeant frustrant exaspérant désespérant intransigeant gênant
Handicap(s)
Il est des différences innombables
des différends avec la vie sans la moindre rémission possible
Il est des poids existentiels impitoyables
Il est des choix sacerdotaux
Il est des altérités davantage altérées que d'autres

Handicap(s)
semblables à des Golgotha infranchissables par temps de pluie
insurmontables par vent debout et doute arrière
Interrogations forcenées et sans issue sur le sens de l'insensé
ces jours où l'esprit est ombragé
Hardi moussaillon, il faut ramer jusqu'à la berge de la verge
égarée dans ses fantasmes réprimés
Il faut redresser la voilure des sentiments échevelés d'avoir osé résister à l'adversité
d'avoir osé espérer
une crique dans la crypte dégénérée d'un corps désarticulé
Pourtant elle a osé accoster sur ce rivage tellement malmené
elle l'a arraisonné avec ses sentiments déraisonnables
Est-elle donc irraisonnée
cette femme indomptable ?

6 février 2016

Il est libre car elle est libre
ils sont leurs propres libertés
ils sont la somme de leur indépendance d'esprit
Il n'est pas d'amour véritable sans cette Liberté accordée
    à soi-même et à l'autre
Pauvre vanité que de vouloir enfermer son alter ego !

Elle est libre car il est libre
ils sont Amour car ils s'aiment sans contrainte
Mais que ce n'est guère aisé d'aimer librement
d'un amour aussi inconditionnel qu'incandescent
combien de temps faut-il donc pour se libérer mutuellement ?
Personne n'appartient à personne
le penser est une sombre illusion
sauf à vouloir assécher l'amour insensiblement
Il est libre car elle est libre

On est si facilement persuadé d'aimer…

19 février 2016

Sa bouche est un nectar qui accueille mon pulsar
libertine nage
sur un horizon sans nuage
libres partages
liberté sage d'une libertine âge d'or
nudités actives
sa bouche est un nectar
corps à corps de sexes en goguette
sous un horizon nocturne
entrelacs charnels d'une frivolité orgasmique
prendre le pouls des sens
au milieu de halètements suants des hormones enivrées
sa bouche est un nectar qui abreuve mon pulsar
jouir sur le tard
le temps n'a pas d'emprise sur l'âge

20 février 2016

Ma Lumière vraie brille sur ma vie tel un phare dans la nuit. Elle éclaire mes sens d'une aura vibrante qui transcende ma différence. Elle réchauffe mon être d'une énergie Céleste.
Ô ma femme étoilée d'infinies vérités indicibles ! Tu es l'ineffable corps de ma chair retrouvée. Je ne suis que crépitements de joie et de jouir, de jouissances et d'allégresses incarnées qui farandolent avec une légèreté à peine perceptible, depuis que tu me délivres de moi-même. Je suis ton cœur de cible, ma Lumière vraie. Le temps n'a pas d'emprise sur le Désir. Le désir de te vivre. Le désir de te suivre. Le désir de te déchaîner. Le désir de t'apprendre et de te surprendre.
Ma Lumière vraie brille sur ma vie tel un phare dans la nuit. Elle éclaire mes sens d'une aura vibrante qui transcende ma différence. Elle réchauffe mon être d'une énergie Céleste.
Je suis notre liberté. Je suis pulsions impulsées. Impulsions pulsées. Extases compulsées.
Je suis ma liberté.
Prends-moi, mon illumination irréfragable.

21 février 2016

Sur la Terre comme au Ciel
je suis mort avant que d'être né
je n'ai donc plus rien à perdre mais tout à gagner
à être Vivant

Affronter les tourments sans faux-semblants
afin de mieux les ramener
à la vraie vie sans faux-semblants
durant ces instants
où le temps suspend l'en-vie
à la peur d'exister pleinement
le sexe suffocant des déchirements
arrachés aux faux-semblants

Je suis vivant
je suis la vie que je me donne
éternellement.

21 février 2016

Corps apprêtés membrés pour se satisfaire à satiété
jouir rien que jouir
et peut-être agrémenter sa solitude en orgasmant
Nudités tentatrices ou sans attrait
attirances charnelles et animales
du sexe que du sexe
et de la volupté
pour repartir repus
ou pas
assouvir sa faim et ses fantasmes et ses besoins
entre mâles et femelles consentants
indistinctement en chasse
harcelée par de pathétiques prédateurs désœuvrés
à l'abri de murs orgiaques
après le ramassage de capotes préservant du capotage
…

23 février 2016

Lorsque l'amour se vit comme une évidence
lorsqu'il va de soi, lorsqu'il coule de source
lorsqu'il est bonheur et joie
lorsqu'il est sens et essence
lorsqu'il transcende le quotidien et l'illumine
d'une légèreté complice
le temps épouse la profondeur du regard
que se portent les aimants insatiables
et les fait voguer vers leur éternité
en toute liberté azurée
lorsque l'amour se nourrit d'évidence

24 février 2016

Ils se sont aimés tels des oiseaux ailés
ils s'aiment tels des cœurs bohèmes
respirant leur liberté à satiété
afin de quitter l'apesanteur
et s'envoler avec légèreté
vers l'Ailleurs de leur Vérité…

25 février 2016

Elle est débordée. Toute sa sagesse n'y suffit plus. C'est dire qu'elle est débordée. Elle ne sait plus où donner de la tête. Ni du corps. Ni même du cœur parfois. Tant elle est débordée. Par elle-même. Par elle-même et par les autres. On sent l'envie de s'échapper, de s'enfuir voire de s'enfouir en elle-même. Le désir est mis entre parenthèses. Les désirs sont mis sous cloche. Elle est tellement débordée. Va-t-elle céder du terrain à son essence ? Bras-de-fer existentiel. Discipline. Autodiscipline. Reprendre le dessus. Priorité bien-être. Priorité sens. Priorité amour. De soi. Lumière de soie. Spiritualité du Tout.

25 février 2016

Vaillance du matin vs. vaillance du soir
L'équilibre serait-il l'après-midi ? Entre la poire et le fromage
ou le déjeuner et le goûter ?
À la rigueur avant le dîner ?
Pour goûter à quoi ? Leur vaillance pénétrée d'eux-mêmes ?
D'elle-même ?
Peut-être bien d'elle-même, de sa propre énergie démultipliée
Tout n'est que dégustation et saveurs dans une farandole amoureuse
Tout n'est que nous à travers toi et moi
Vaillance du matin dans une flamboyance d'aube radieuse
Vaillance du soir dans une pétulance de crépuscule en feu
Il est sa propre érection
Elle dort du sommeil de la juste…

25 février 2016

Prendre le temps de vibrer à l'unisson
prendre le temps d'aimer
prendre le temps de désirer
de désirer l'aimé(e) en toute liberté
de jouir librement en déchaînant le temps
et tout espace qui limite les aimants
Prendre le temps d'embrasser l'amour
prendre le temps d'effeuiller les jours
prendre le temps de faire rimer nos cœurs
dans un poème inspiré par le bonheur
et jouir sans retenue d'une ode suprême
à nos convergences d'amants éperdus
après s'être si patiemment cherchés
Prendre le temps de vivre à deux
sur un chemin multiple et singulier.
Je crois que je vais t'aimer…

26 février 2016

Vertical
tout en lui est vertical
depuis qu'elle est dans son espace vital
tout s'érige tout s'élève tout se dresse tout se redresse
Il est en érection permanente
dans une sorte de sublimation   d'expansion sublime
faite de considération et de séduction
jusqu'à la pénétration   l'interpénétration ultime
ultime à chaque instant à chaque entrelacement
des regards et des corps des sexes et des cœurs
Vertical
jusqu'au vertige des sens
jusqu'à la jouissance d'aimer
entre ses bras

26/27 février 2016

Cet amour bouillonnant, panaché d'un désir de vieil adolescent, qui l'enlumine comme aux premiers temps de leur amour naissant, bien davantage même qu'aux premiers temps, cet amour exaltant d'une fraîcheur désaltérante que, jour après jour, elle lui insuffle avec une alacrité juvénile et une sensualité d'une abrasion déstabilisante, cet amour le transcende et le transporte vers des rivages qu'il pensait être abstraits avant de croiser son cœur au regard flamboyant et malicieux.
Cet amour exponentiel qui croît infiniment vers une infinité de sensations et de sentiments, nourrissant l'horizontalité et la verticalité de la Vie, c'est le leur. C'est leur élan, c'est leur foi, c'est leur feu, c'est leurs vibrations, qui l'a engendré.
Magie d'une rencontre aux antipodes de toute norme. Magie des contraires qui se reconnaissent et se fondent dans leur différence en toute liberté. Alchimie des cœurs et des corps qui résonnent dans leurs dissonances apparentes.
Comment renoncer à soi sans renoncer à l'autre ? Comment renoncer à l'inatteignable sans renoncer à être épanoui dans sa chair bridée, sans la brader, cette chair oppressée ? Leurs chairs oppressées.
Défi titanesque. Surhumain ? Si humain pourtant.

27 février 2016

Je suis
pas forcément ce que j'aurais aimé être
que j'ai fantasmé
d'être
sûrement pas cette prison de chair
qui réfrène qui réprime qui restreint
tant parfois
souvent
trop souvent parfois
brisant les élans les plus éperdus
amenant insensiblement
à faire des deuils
à assumer ses écueils de chair et de feu
réprimés
Pourtant
JE SUIS
à côté d'elle
qui est

16/17 avril 2016

Maussade
bousculé
par
des émois contradictoires
des tiraillements spirituels
drue
la pluie
sombre
le ciel
lassitude humide
indécise
douleurs qui s'accumulent
et persistent sous la lune
fatigue persistante
et
la vie qui enchaîne

se déploie lumineuse
assoiffée d'elle-même
Je tangue
en moi-même

03/05/2016

Mourir c'est vivre chaque instant comme si c'était le dernier, comme si c'était le premier, comme si c'était l'Éternité.
Dès le premier cri, on commence à mourir. Dès la conception même, on débute son compte à rebours vital.
Libre à chacun de cheminer dans la lumière ou dans l'ombre de son être profond, de son regard intérieur.
Mourir c'est vivre le temps qui vibre, les mouvements de son âme, les silences de son cœur, les échos de son corps éphémère.
Vivre c'est apprivoiser sa propre solitude en transcendant la mort qui sourit à chaque respiration, à chaque battement de son être.
Vivre c'est mourir à son passé pour renaître dans son futur en un cycle inlassable rythmé par nos pensées, par nos plaisirs et nos déplaisirs, par l'Autre en soi et autour de soi, par le bonheur d'aimer et d'être aimé.
Je suis ma propre mort car je suis Envies. Je suis vivant ! Je suis l'amant de ma vie… Car je suis Amour pour toujours, cet émoi ineffable qui m'inspire et m'aspire inlassablement. Entre tes bras de velours et de feu si tendre.
L'humilité est au bout du sentier plus ou moins escarpé selon les jours, au cœur de l'accomplissement. D'une vie. Donc d'une mort.
Je suis mortel car je suis vivant.
Que la vie est belle !

04/05/2016

Ces maux qui s'enchaînent au gré de la décrépitude corporelle.
Redondance de l'âge dans le sillage du temps.
Surdité insane, dentition obsolète et impromptues douleurs importunes qui s'égrènent insensiblement.
Pourtant,
la vie vit, le vent va et la vue vole dans un flot d'énergie vitale qui rayonne
sur
le temps qui passe et ne reviendra plus,
en transcendant l'Amour et le Désir.
Être l'amour en marche et le désir en feu de camp.
Je suis vie.
Je suis en toi. Je suis en nous.
Je suis Tout. Je suis Rien. Je suis tien.
Je suis mien.
Malgré les outrages du tant.
Ou peut-être grâce à eux ?
La maturité prend des rides et la sagesse prend de l'humilité.
Le Verbe est une chair putrescible qui tisse une Éternité d'amour imputrescible.
Autour de ces maux inopportuns.
Vibre libre Chibre, fibre ivre de vivre.
Je t'aime mon amour lumineux.
J'aime la vie en toi
qui nous transporte Ailleurs.
J'aime ta Lumière.
Elle me rajeunit tellement.

04/05/2016

Ton corps me manque
sa frileuse chaleur intense qui enveloppe mon être de sa
luminosité nocturne
vibrations auriques et sensuelles
d'une douceur sans pareil
solitude crépusculaire en quête de la rondeur caressante de tes paroles
je suis si plein de toi dans notre lit vide.
Reviens vite et prends-moi.
Reviens vite et surprends-moi encore.
Ton être me manque
sa lumineuse chaleur qui m'emporte vers des ailleurs que
j'ai tant espérés.
Chevauche-moi de ta légèreté fougueuse
ma douce liberté incarnée.
J'ai trouvé un sens à mon autre déconfit si indicible entre tes bras.
Mon amour, je te vénère comme le jour la nuit
je te pénètre de tout mon être comme la nuit le jour.
Envole-toi.
Je te suis
ma liberté infinie.

04/05/2016

Je suis le mouvement immobile
tu me crois mort, inerte, sans flamme
je suis une immobilité volubile
une statue de chair qui savoure le sel de l'existence
je ris des malices de la différence
qui nous unit.
Tu me vois telle que tu veux me voir
pas telle que je suis
Elle bouge et je la précède
elle me danse elle m'encense
de ses bras qui m'élancent de ses jambes qui m'enlacent
je jouis
quand d'autres fuient la Vie…

05/05/2016

Elles dansent elles me dansent
sensuelle élégance autour de mes sens
de nos sens
en éveil en émoi
trouble indicible trouble charnel
si consensuel
Elles dansent elles nous dansent
tango à trois tanguez sur moi
valse en trois dimensions
entre des bras démultipliés
comme le plaisir qui jailli
de cette Kali voluptueuse.
Il est des libertés qui sont un met précieux
pour qui sait les apprécier
avec légèreté et complicité…

06/05/2016

Le ciel resplendit. Un azur translucide me submerge et m'enveloppe. Le ciel rayonne d'une vie intense et lumineuse. Jour de printemps. Douce chaleur retrouvée. Tout n'est que spiritualité ici-bas. Je suis seul face à l'Immensité insondable du Vide qui nous inspire. Solitude indicible qui se rit de la vacuité.
Nous sommes seuls. Personne ne peut se mettre à la place de quiconque. S'imaginer le contraire ne serait qu'orgueil ou fébrile naïveté. Nous sommes seuls dès la conception, dès l'instant où la vie vient et insuffle de l'être dans l'âme. Seul face à son Éternité, à sa précarité donc.
Le ciel crépite d'une vibration limpide. Mon esprit plane. Je suis plein de vies. De moi. De nous. De Tout. La luminosité céleste m'emplit, me nourrit, me séduit, me subjugue et me réjouit de son énergie sidérale. Je deviens ma propre lumière.

Celle qui me transporte au-delà de la Terre, dans des Contrées qui dépassent mon Mystère, ce Mystère qui m'habite et me génère en un Désir incommensurable. Je suis une énigme à moi-même en quête de sa Vérité intime.
Je suis un voyageur intemporel entre les bras d'un Amour incarné, au regard aussi bleu que le ciel. Je suis le Créateur d'une Existence de passage, éternellement en partance. Je suis le Cœur qui bat en chœur avec une sensuelle sylphide qui respire la Pachamama.
Le ciel jubile. Jouir de tout. Jouir de nous. De notre Liberté aussi irrévérencieuse que le temps qui nous unit, que nos corps qui se rejoignent et s'unissent sous les étoiles. Aimons-nous encore sous l'Infini qui jouit dans la pureté des sentiments.
Humblement.

06/05/2016

Je t'aime
tel un soleil d'été bouillonnant d'allégresse
Je t'aime
de mille feux abreuvés par tant de foi
Je te désire
d'une chair gorgée de sensualité
Je te désire
avec une vibrante juvénilité
comme si l'âge n'avait pas d'emprise sur le temps
tant les sens restent épris de vitalité
dans une hymne à la liberté d'aimer
sur le lit incarné de notre inventivité fougueuse
Je t'aime à te désirer
Je te désire de t'aimer
d'un amour
insatiable

15/05/2016

Morose. Mon âme bruine en ce printemps si maussade. Tout, au tréfonds de mon être, est perplexe et indécis, cahotant dans un entre-deux existentiel lassant et lascif. Tout en moi poisse et tâtonne au fin fond d'un tunnel émotionnel qui semble sans fin ni fond. Fatigante fatigue déprimante surnageant au fil d'une vacuité insondable. J'erre en moi-même en une sorte de ballottage moral.
La chair est triste, sans vitalité, asexuée même. Le sexe halète et s'interroge, amorphe et frustré d'être sec et sexe. Morose d'une morosité pernicieuse. Perte de sens. Désagréable perte du sens dans une sorte d'attente désespérante qui attend de ne plus attendre. Quoi ? Comment savoir dans ce magma de sensations indéfinissables autant qu'indésirables ?
Le corps chancelle en égrenant des maux stakhanovistes. Tout n'est qu'interrogations, incertitudes et doutes. Au milieu de flamboyances fulgurantes et presque anachroniques.
Quelquefois tout s'accumule et s'amoncelle en un chaos dégénératif. La vie paraît alors suspendue à elle-même, à une survie innommable à force de s'éterniser et de respirer au ralenti. Sortir du tunnel. Se réveiller. Se débarrasser de cette torpeur qui englue.
Dehors, le temps est versatile. Il pleut, il fait froid, il fait chaud, il fait moite, il vente, il crache, il gronde, il tempête, il fait gris, un temps à compter les moutons sous sa couette en plumes d'oie ou de perdrix. Il y a des périodes ainsi où rien ne va vraiment tout à fait. Morose. Morose, je vous dis.
Désirons-nous vite ! Vite, désirons-nous…
Encore.
Pour faire revenir la lumière et le soleil avant l'été.

16-17/05/2016

Regarde-moi
je suis autre
entre autres car je suis
toi
Certes
sous mon apparente différence
je suis la couleur de mes pas
mais pas de mes peines et de mes joies
l'apparence est trompeuse
ce n'est qu'un prétexte
pour classer réduire enfermer
contrôler
la Vie et la Liberté d'être
Soi
j'aime comme je veux je désire qui je veux
JE SUIS MA PROPRE NORME

Regarde-toi
tu es tout autant autre
sous ton apparente « normalité »
chacun son identité chacun sa vérité
il suffit de prendre le temps d'aimer
et de désirer
car
l'Amour et le Désir sont
sans préjugés
sous toutes les latitudes
TU ES TA PROPRE NORME

Regardons-nous
notre altérité est un chemin
de rencontre
le croisement de nos personnalités
de nos tempéraments et de notre foi
qui se nourrissent et s'enrichissent
dans l'alacrité
ou du moins ils le devraient
Mais regardons-nous

            rien n'est plus ennuyeux que l'uniformité
             rien n'est plus fade qu'une moralité
                 intolérante et dogmatique
            vibrer par nos résonances réciproques
                   nos complémentarités
             personne n'a l'apanage de la norme
             l'humanité est une danse chamarrée
                    avec et dans l'Autre
                              !

28-29/05/2016

Dialogue d'oiseaux
d'arbre en arbre de cime en cime de toit en toit
la vie chante et m'enchante

Danse sur moi
dans tous les sens
cambre mes mots avec élégance
chambre-moi avec impertinence
certes le temps est compté
mais chaque seconde est une éternité
entre nos bras entre nos joies entre toi et moi

Dialogue d'oiseaux
d'arbre en arbre de cime en cime de toit en toit
la vie chante et m'enchante

Danse avec moi
sur un lit de connivences
prends mes émois d'un cœur léger
éprends-toi de mes légèretés
car rien dans le langage des corps
n'est plus inviolable que le champ
séduisant de l'altérité qui nous honore

29/05/2016

Sur son corps fluide
à la peau évanescente
sur son corps alangui
en attente
un *penicullus* fait une allégorie
de sa touffe ludique
vision de vison
sur la chair perlée qui halète.
Il peint
sur elle
qui s'offre à lui
à son inspiration virevoltante
dessinant une arabesque
de ce pinceau
prolongement de son être
démiurge intarissable
d'une création éternelle
car éphémère
comme une récréation
il peint
et
elle s'amuse
d'être sa muse
l'espace d'un jeu
de scènes…

31/05/2016

Belle Bali
sensuelle tropicale
qui éveille les sens au milieu des dieux et des Esprits
liberté douce liberté venue d'ailleurs
nourrie par Baly le magnifique
habillé de notes de musique
enturbannées d'une élégance nomade
Fusion d'arts fusion d'âmes
jusqu'à l'Éternité
être habité…
de Bali à Baly.

03-07/06/2016

N'est-ce qu'un fantasme
ou une réalité qui se fait désirer
que ce trio de cœur et de corps
entrelacés dans une interpénétration
libre de toute entrave ?
       Liberté quand tu nous tiens
    l'amour prend parfois des chemins de traverse
          liberté tu entends
      ces corps exaltés qui exultent
        en un triple enlacement ?
Lui et elles elle et eux
en un pas de trois
dans un équilibre délicat
qui cherche son centre de gravité
avec légèreté

      La nature humaine est aussi singulière que multiple
                 dès qu'elle ose…

07/06/2016

Une limace se morfond dans un jardin désincarné. Elle glande sous la canicule de ses pensées errantes. Tantôt coquines, tantôt chafouines. Avachie, elle ne rampe même plus vers la moiteur salvatrice d'un tunnel ombragé, elle a renoncé à baguenauder sur ses fantasmes humectés. Elle est flasque au bord des soupirs qui la traversent parfois avec nostalgie en rentrant. Recroquevillée, c'est à peine si elle ose encore bouger, se bouger, s'inviter en une intromission affamée. Sait-elle encore ce que signifie jouir dans son atonie de menhir patraque ? Cette limace est dans une détumescence désespérante, douchée par un ciel qui pleure sa condescendance. N'est-ce donc qu'un gastéropode atrophié d'avoir ingurgité trop de houblon ? Une limace se morfond. Au loin des miaulements harassés… Il est des temps qui ont du mal à avancer. Il est des jours hoquetant cahin-caha. Abreuvée de pluie, elle se cramponne à un mont glissant. Et attend des jours meilleurs, plein de vigueur et d'allant retrouvés. Une limace se morfond sous une feuille de laurier fanée.

22/06/2016

À une Vie en gestation

Elle est enceinte.
Elle porte la Vie en elle
le Sens de notre Amour
elle porte notre Amour en elle
le fruit de la Liberté
une liberté insoumise
à toute norme alitée
comme la Vie

Je suis enceinte.
De notre amour
du fruit de notre amour
de ce Fruit tant espéré
contre vents et marées
je suis enceinte d'elle
de nous
de la vie qui nous unit
qui nous insuffle une Vie
plus grande que nous

Nous sommes enceintes.
Car nous sommes vivants
nous sommes l'amour qui nous appelle
tel un champ de liberté
qui demande à être cultivé
pour être libre
comme nous
comme la Vie

23/06/2016

Je sais – désormais on sait tant –
que maintenant ton cœur microscopique   bat
la vie prend son envol
dans un Mystère insondable que même la science
n'expliquera pas
que je m'explique encore moins

je sais simplement que tu existes
que tu veux exister.
Pourquoi toi   pourquoi nous   qu'attends-tu de ce passage sur une Terre qui bout ?
Qu'espères-tu toi que nous espérions si intensément
contre vents et marées
tels des insensés   des fous d'amour fou
des sages vivant par-dessus tout ?
Car vivre est une folie si savoureuse.
Cherches-tu la Vie qui frémit à la marge des regards convenus ?
Qui es-tu toi qui es sur le chemin   toi qui es le chemin ?
Je t'attends   mon cœur de vie en devenir…
Tu seras libre
comme nous le sommes
tu seras vrai
comme ta vérité éphémère.

23/06/2016

Assourdissants ronflements émanant d'une bouche béant sur une nuit indifférente.
Tintamarre nocturne chahutant le silence d'une cacophonie tonitruante.
Impudence bruyante rompant la quiétude d'un sommeil frustré.
Ronflements insanes et horripilants que je produis avec une constance stakhanoviste.
Je suis les trompettes de Jéricho annonciatrices d'un chaos cauchemardesque.
Agitation onirique dans une inconscience mutique.
Pendant qu'elle attend patiemment que ça passe en comptant les étoiles accrochées au firmament, plutôt que les moutons qui bêlent leur contrariété outrée.
Honte rétrospective.
Mais quand le mal est fait, le mâle est défait.
Après une nuit plongé dans l'insouciance de soi-même.
Dors et tu seras.
Je suis confus d'être un dérangement intempestif.
Faut-il désespérer pour autant ?
Elle se fait une raison et je me fais du mouron.
De là à s'en satisfaire…

26/06/2016

Le ciel sanglote, zébré de colère. Éclairs de rage. Grondements rauques. Il déverse son oppressante émotion en une pluie apocalyptique. C'est un déluge qui déferle dans les moindres interstices. Inondation goulue. Le ciel éructe. Noyant des sommeils inconscients extirpés de leur nuit impuissante. Alerte rouge, l'été s'annonce en trombe. La terre suffoque sous ce rideau aqueux. Patauger, écoper, éponger. Soudain tout suinte, gorgé d'eau. Les murs exsudent une humidité rance. La nature dénature sans états d'âme et rend criant une mortelle précarité. Vivre est un éternel recommencement.
Puis, la nuit s'apaise en un silence assourdissant. Tel un mauvais rêve qui s'éloigne nonchalamment. Ne laissant derrière lui que des esprits épuisés, hagards, quelquefois ravagés face à l'ampleur du saccage.

26/06/2016

Danse
poésie du corps poésie des gestes
danse
harmonie des cœurs mouvements des sens
danse
aussi fluide que le tissu qui te danse
danse
pour moi à l'infini enlace l'espace
qui nous danse
comme la vie qui s'élance
à travers nos corps qui se lancent
danse
la sensualité qui nous encense
danse
douce élégance magique présence
Musique
Maestro
!…!

26/06/2016

Mauvais temps pour l'altérité.
Les différences sont suspectées. De tout et de rien. D'être différentes. Pas identiques. Pas semblables. Délit d'identité. Immigrants gare à vos fesses. J'ai égaré les miennes depuis si longtemps...
Basanés, foncés, bridés, vieux, pauvres, handicapés, tous sur le même radeau. L'intolérance est bradée car la tolérance est bridée. L'Amour broie du noir. Il ne fait plus bon sortir avec son voile, sa kippa, sa fleur de lys ou sa croix, ni avec des stigmates ostensibles et dérangeants. Chacun sa religion. Pendant que les intégrismes s'en donnent à cœur joie. Il faut bien des heureux, n'est-ce pas. Pourquoi a-t-on égaré la Fleur de Lotus dans les ronces d'un motus moralisateur ? L'autre est cadenassé, privé de liberté pour se rassurer à bon compte. Pourtant, que c'est triste de trop se ressembler. Que c'est fade, l'uniformité !
Être le migrant de soi-même à force d'être rejeté.
On est toujours l'étranger de quelqu'un. L'étrange, l'anormal, le danger, le trublion, le dysharmonieux des ignorants. Il vaut bien mieux être incroyant qu'incrédule ici-bas.
La vie n'est qu'un profond ouroboros. Et je l'aime. La vie, Elle et les Autres. Tous les autres. La Terre est à tout le monde. Même à ceux qui la détruisent par haine ou par cupidité, par stupidité surtout.
I am a happy Lonesome Man. Un gran amante de la vida y del otro. Und du mein Freund ? O meu semelhante !

27/06/2016

Soleil du matin
caresses de satin
comme le son romantique
d'un duduk sous un vénérable abricotier.
Douce mélopée aux intonations graves
rêve oriental orienté vers l'Infini
vibration de l'Être qui enveloppe les sens.
Envol spirituel
nostalgie indicible nostalgie
que ce lien mélodieux entre ici et ailleurs
maintenant et toujours.

27/06/2016

Grain de sésame d'1,80 m
ou comment l'infiniment petit deviendra infiniment grand
à l'instar de la vie qui l'a engendré
Certes, il y a de moins en moins de mystère dans la création
pourtant, aucun savoir ne mène à la connaissance de soi…
ni à l'immortalité.
Qui suis-je ? Pourquoi suis-je ? Pourquoi ces parents et pas
d'autres ? Pourquoi ce destin plutôt que celui-là ? Quelle
science nous le dira ? Aucune.
Enfant avenir, enfant tant désiré, la Vérité est déjà en toi.
Comme elle fut en nous à notre arrivée…
Nous ne sommes que le tremplin vers ta Liberté, ton envol
incarné.
Une cigogne claquette dans un champ de choux
au loin, le soleil se lève sur un nouvel horizon
à quand la moisson ?
Dieu seul le sait… et encore

03/07/2016

J'ai l'âge de mes boulevards
ou peut-être un peu plus
Rompre encore et toujours rompre
la monotonie du temps azyme
le clair-obscur des jours indécis
respirer la liberté la savourer
et ce silence qui gronde
comme une réminiscence indéfinie
J'ai l'âge du temps qui me traverse
inéluctablement
Seul l'Amour est éternel et la Foi
la Foi aussi car elle est le Sens
Le Cosmos *de profundis*
emplit l'espace de vibrations indicibles
présences subtiles dans l'absence de finitude
avancer sans trembler maintenir le cap oser
J'ai l'âge de mes espoirs

03-04/07/2016

Liberté égalité fraternité
pour qui ?
Semblables derrière nos différences
TOUS
malgré les apparences
ou peut-être grâce à elles…
Pourquoi me toises-tu ainsi
suspicieux choqué vindicatif
je suis ma propre liberté je suis ma propre vérité
je suis
quel que soit le regard que l'on me porte
je suis l'inconnu qui interpelle la vie
je suis la Vie
Viens
conjuguons nos libertés

05/07/2016

Caresses du soleil au petit matin
tendresse du ciel sur un corps chagrin
Du bleu gorgé de nues laiteux
des poumons râleurs et l'esprit ailleurs
répétant intérieurement : que la vie est belle !
Parenthèse légère et apaisée
des cigognes très haut dans l'azur
majestueusement élancées
et moi répétant intérieurement :
que la vie est belle décidément.
Et ces deux femmes qui discutent
en grignotant des mots et de mets
elles sourient elles rayonnent
j'écoute sans écouter en une présence absente
bercé par les caresses du soleil
par la vie qui me pénètre délicatement.
Comment ne pas renaître à cet instant
malgré quelques petits tourments contrariants ?

06/07/2016

La vie est venue la vie est partie
elle n'a pas pu elle n'a pas su
la vie s'en vient la vie s'en va.
Ainsi va la vie ainsi va le sens de la vie.
Inlassable recommencement
la vie n'appartient qu'à elle-même
et nous n'appartenons qu'à la vie
seul le chemin sait jusqu'où il chemine.
Que d'humilité dans une vie que d'aléas dans une existence !
Expériences   la vie n'est qu'un apprentissage
et nous
nous sommes d'humbles disciples.
La vie est venue la vie est partie
tristesse et désarroi
la vie ne se maîtrise pas
un espoir s'est éteint un autre va prendre jour
ainsi va la vie ainsi va le sens de la vie.

06/07/2016

C'est le temps des moissons
déjà ou seulement
c'est selon l'humeur du moment
un cycle s'achève
c'est déjà l'été   ou seulement   c'est selon
les céréales sont fauchées ils seront bientôt glanés
c'est la vie   immuable et inépuisable   infiniment
vitale
l'année prochaine ils renaîtront
Viens mon amour allons
vers une autre semence une autre saison
c'est le temps des moissons et des récoltes à foison

10/07/2016

Quelle vie qu'elle chemin prendre
à une croisée qui s'apparente
à un destin ?
Choisir c'est renoncer mon amour
choisir c'est mourir à une part de soi
afin de naître à une autre réalité.
Choisir c'est vivre
autrement
c'est vivre vraiment
sans regret.
Choisissons mon amour
Quoi ?

10-11/07/2016

Elle somnole   le corps agité de convulsions utérines
            elle somnole   ventre lacéré de
douleurs stridentes   déflagrations pour une
délivrance   elle somnole épuisée par un
ouragan abdominal   suppliant   l'expulsion
rédemptrice   elle somnole   en sang et en larmes
        traversée d'une souffrance désespérante   que
le coût d'un désir peut être exorbitant   il est
des endurances trop ravageuses   carnage pour une vie
morte avant d'être née   halètements suintant des
sanglots si longs   trouver le sens
        surtout trouver le sens   demain est un autre
jour.
            Mais lequel, mon amour ?

11/07/2016

La vie tout simplement.
Un soleil torride ponctué par une pluie torrentielle.
Un canard cancanant devant un cygne vigilant.
La vie tout simplement.
Toi qui souffres toi qui jouis.
Toi qui sanglotes toi qui ris.
La vie tout simplement.
Le temps s'arrête le temps reprend.
Des jours indécis des jours épanouis.
La vie tout simplement.
L'horizon qui ruisselle l'horizon qui se réjouit.
La nuit qui cauchemarde la nuit qui flemmarde.
La vie tout simplement.
Toi qui me séduis toi qui m'éblouis.
Et cette langueur et cette ferveur sans bruit.
La vie tout simplement.
L'ennui qui doute de lui-même.
Moi qui doute de l'ennui.
La vie tout simplement.
Les routes obstruées les forêts oppressées.
La société en mal d'exister le social en mal d'humanité.
La vie tout simplement.
Cette vie qui s'en va comme elle est venue.
Fracas aigu dépourvu de vitalité.
La mort tout simplement.

12/07/2016

Quelle ironie
ce sexe faible si fort

Femmes
je vous admire
vous qui portez la vie à bras-le-corps
jetez vos voiles jetez vos chaînes
l'homme n'en vaut pas la peine

Quelle ironie
ce sexe fort soi-disant faible

Le mystère est en vous
le Mystère c'est vous
vivantes par-dessus tout
quand vous êtes libres plus que tout
et que votre esprit vibre sans retenue

Que serais-je sans vous devenu
vous qui m'avez fait Homme et repu

Vous qui êtes Femme
quand vous êtes ivres d'Amour
et de désirs fous

Femmes
je me livre
à Vous.

15/07/2016

Chauffeur fou. Malade de haine. Camion meurtrier. Carnage. Tuer ! Tuer.
Promenade des endeuillés. Promenade ensanglantée. Tuer ! Tuer. Même des enfants, lui qui fut père.
Sans discernement, sans distinction, avec rage, une rage sanguinaire.
Faucher. Écraser. Assassiner la vie, la liberté, la différence, un certain bonheur, un certain regard, une autre pensée.
Assassiner. Écraser. Faucher. Tuer ! Et encore tuer. Massacrer.
Et mourir, satisfait et repu.
Horreur. Que la vie peut être une horreur innommable ! Un enfer destructeur en quelques secondes. Par la volonté de fous. De fanatiques embringués par des schizophrènes assoiffés de vengeance.
Vengeance insane perpétrée par des lâches. Derrière leurs bureaux. Au volant d'un camion sans âme.

Et le racisme et la haine et la xénophobie la peur de l'autre la peur de tout qui s'enflamment.
Quelle manne pour tous les anti ! Anti-arabes, anti-vie, anti-amour, anti-liberté, anti-tout, anti-tous.
Tant de lumières se sont éteintes sous un feu d'artifice. Tant d'artifices factices ont volé en éclats sous le choc d'un pare-choc dément.
Qu'il faut être mal heureux, mal dans sa peau, mal dans sa tête pour tuer froidement et bêtement ! Qu'il faut être handicapé, amputé d'amour universel.
Radicalité aveugle, sourde, insensible, pas bestiale, car l'animal tue pour manger donc pour vivre, mais inhumaine.
Tellement dépourvu d'humanité et d'amour. Et d'amour. D'un amour véritable.
Vivre, il faut vivre. Vivre malgré tout. Vivre par-dessus tout.
Et aimer malgré tout. Aimer avant tout et par-dessus tout. Il y a tant de vies sans amour. Il y a tant d'amours sans vie. Il y a tant de nuits en plein jour. Il y a tant de jours pleins d'amour.
Vivre, il faut vivre.
Avant de mourir, le cœur léger d'avoir vécu d'amour et de liberté.

17/07/2016

Juillet alentour
les scies circulaires couinent
à tour de rôle le voisinage
prépare l'hiver
rite immuable
troublant le silence la quiétude estivale
en assourdissant les terrasses
au petit matin
sauf le dimanche
s'enfermer ou partir loin
seules alternatives
nuisance insoluble
juillet alentour et ailleurs

17/07/2016

Connexion. Émulsion. Interaction. Ébullition. Effusion d'émotions. De sensations. Ascension. Explosion. Expulsion. Rédemption. Décompression. Décoction d'impressions. Déconnexion.
Sa main a fait voltiger la tige ressuscitée.
L'attente intentée puis attentée en une liberté attestée s'est volatilisée sous ses baisers.
Convergence des sens vers la fulgurance sans décence d'une turgescence de connivences. Présence et résonance d'une congruence et d'une résurgence de jouissances.
Le plaisir résonne de sonorités langoureuses.
Jouir est une éclipse du temps. Un bouquet de lumières en suspens.
Une libellule fredonne. La forêt copule. Les sons sonnent sous la voûte céleste. Stridulations éperdues. Relation transcendée. Libération incarnée. Il déambule en lui-même, le regard ailleurs. Rassasié. Par elle.

18/07/2016

Certains humains dégénèrent
depuis l'aube des temps
une certaine barbarie sanguinaire
semble irrémédiablement ancré
dans un mal-être arrogant.
Semant l'effroi et la mort en riant
phagocyteurs d'esprits faibles
ils prospèrent sur les décombres
de la misère et de l'ombre.
Il n'y a que la Vie pour répondre
à ces charognards qui s'acharnent à répandre
leur rancœur vénéneuse sur l'humanité lumineuse.
Il n'y a que l'Amour pour résister
à une telle violence haineuse
il n'y a que l'amour véritable que rien ne peut arrêter.
Il faut ignorer des politiques tellement intéressés
par un pouvoir d'egos trop boursouflés

pour penser la vie et la liberté.
La mort passe les subsistants sont affligés
seuls les vivants continuent d'oser
vivre profondément.

20/07/2016

Le jour se glisse dans la nuit
jusqu'à se fondre en elle
en un orgasme voluptueux
lorsque la lumière pénètre dans l'obscurité
afin de mieux s'y dissoudre
et révéler le chant des étoiles
autour d'une lune charnelle
tant elle est pleine de mystère gravide
Mon regard gravite sur l'horizon
le jour se glisse dans la nuit
et je me confonds avec toi
pour mieux m'enfouir en toi.
Ainsi s'écoule le temps qui nous est compté.
Je t'aime, mon astre du jour, ma lumière du matin.

22/07/2016

Elle est loin elle est proche
                si proche cependant
elle est là-bas elle est en moi
                je l'attends je l'entends
Sa liberté touche et subjugue intensément
                je suis son amant je suis son aimant
je suis de passage seulement
                je suis de passage éternellement
mon corps vibre contre sa chair passionnément
                mon esprit s'enflamme tendrement
Elle est loin elle est proche
                je l'attends sur la margelle du tant
tant d'amour et trop peu de temps
                pour perdre du temps mon aimée de trente ans

                Nous sommes de passage seulement…

22/07/2016

Ce silence intensément
ponctué de chants ailés seulement
en dessous d'un ciel voilé délicatement
une chaleur matinale embrasse mes os vieillissants
un zéphyr si apaisant sur mon corps chancelant
je suis vivant
allongé entre Terre et Firmament
entre extase et recueillement
je suis vivant
tellement vivant
et libre tellement libre en cet instant
d'une liberté pleine d'émerveillements
je suis l'amant du temps
je suis le bonheur qui se répand
dans mon être soudain exaltant.
Que la vie est belle, assurément !

25/07/2016

Que les nuits sont inhabitées en son absence ! Seul un vide désincarné semble faire écho au silence. Errance nocturne. Sommeil solitaire où s'invitent impudemment les mouches et les moustiques. Le temps d'une parenthèse. Le temps d'un aller-retour. Elle s'accomplit au-dessus de la Terre. Elle se chamanise. Égrener les jours tels un chapelet d'amour, en respirant sa présence absente. Mélancolie. Pour qui ? Pourquoi ? Un ennui sous-dural stagne sous un azur limpide. Je suis seul sans l'être. Je tourne en rond et ne retourne rien que le temps indécis.

28/07/2016

Je suis infirme
Je suis informe
Je suis infime
Je suis Femme
Je suis Homme
Je suis toi
Je suis moi et nous
Je suis la Vie
Je suis l'Amour
Je suis infirme
Je suis informe
Je suis infime
Je suis tout et rien
Je suis apparence
Je suis appât ronce
Je suis mon humanité.
Je suis l'humanité
Je suis la Vie et l'Amour

01-02/08/2016

Un con sur une queue
qui couine qui couine
un con sur une queue
qui fouine qui fouine

Être soi…
Poésie des mots crus
crudité du verbe et des gestes
réalité de la flamme
sans pruderie ni faux-semblant
des pulsions haletantes
d'une trivialité sauvage
qui enivre le désir.
Être soi.

Une queue dans un con
qui chine qui chine
une queue dans un con
qui chine qui chine

02-05/08/2016

Sœurs et frères musulmans
sœurs et frères dans la différence
singuliers   particuliers
particules liées au Tout
que nous sommes au-delà de notre altérité
nous sommes l'Humanité
l'humanité qui nous ressemble et nous rassemble
pour le meilleur et pour le pire
Surtout ne pas céder à l'exclusion et à la xénophobie
à notre singularité – notre seule vérité inaliénable.
Sœurs et frères musulmans
sœurs et frères de cœur et d'âme
au milieu de tant d'embrasements
virulents   violents
viols lents de nos libertés
il faut résister à la tentation
de céder à la fatalité et aux amalgames
le bonheur est dans la fraternité
et la diversité non dans l'uniformité
et l'exclusion.

03-05/08/2016

Être un handicap pour autrui.
Tant de fois où être un handicap
un poids une gêne un frein
une liberté contrainte
une réalité astreinte
devient oppressant
et désespérant à la fois.
Désespérément douloureux
dans le corps et dans l'âme.
Être un handicap pour soi
à force de renoncer
et de faire renoncer
ou fuir FUIR FUir
mais pour où ?

Et pourquoi ?
Impossible d'échapper
à sa propre réalité
impossible im-po-ssi-ble.
S'adapter jusqu'à la lassitude
s'adapter pour vivre
contre vents et marées
avec un handicap intransigeant
son handicap !

05-07/08/2016

Mon corps contre son corps
tel un arbre mort grouillant de sève
tous les sens en éveil sous une écorce frémissante
Mon corps répandu
tel un arbre sans soleil sur un lit éperdu
en quête de sommeil
Mon corps sous son corps
telles deux planètes en plein essor
attirance mutuelle chancelante d'amour
De pulsations en impulsions nues
l'univers cogite ses déconvenues.

06-07/08/2016

Absurdité
que l'obsession de la normalité
absurdité
que la peur obscure et haineuse de l'autre
absurdité
que de courir après son ombre pour se survivre
absurdité
que de tuer et mourir pour une gloire mensongère
absurdité
que de museler les libertés par mesure de sécurité
absurdité et indignité
que d'entraver les libertés de copuler

indignité
tous ces politiques ivres d'eux-mêmes
indignité
tous ces extrémismes de dictatures dégénérées
indignité
la Terre saccagée par des prédateurs détraqués
indignité
tous ces humains en mal d'humanisme

07/08/2016

Le ciel est bleu, le cœur est gris. La nuit est noire, le corps hagard. Mélancolie morose. L'esprit erre en pensées délétères. Désespérante humanité. Pathétiques égoïsmes qui polluent l'horizon. Comment encore rêver à la fraternité ? Croire malgré tout en la solidarité ? Espérer par-dessus tout en un monde un peu moins égocentré ? Comment ? Le cœur est gris comme un ciel de pluie. Se détacher. Retrouver de la sagesse pour ne pas s'enfermer en vain dans une morosité de mouche qui se heurte obstinément à la même vitre. Trouver l'issue du ressassement. Recouvrer la foi. En soi. En l'Humain. Toute destinée à des temps d'obscurité. Ne pas se laisser broyer par la désespérance. Reconquérir le silence du cœur. Solitude d'être. Tout n'est que solitude sur un chemin d'incertitudes. Surmonter un chaos momentané avec humilité. Pour mieux rebondir. Je ne sais plus qui je suis, où je vais et ce que je veux. Saurais-je jamais ? Je doute de mon ombre parfois. Le cœur serré par une grisaille aléatoire. Le ciel est bleu. Que le ciel est bleu. Et j'ai un bleu à l'âme. Je vois sans voir. Je sens sans sentir. Tout me semble dérisoire. Et futile. À commencer par moi-même et mes doutes et mes fantasmes et mes attentes et mes besoins. Le ciel est bleu, le cœur est gris. Jour de brume, jour de bruine. Insane morosité. Il faut se lever et reprendre la marche. Retrouver le sens du sens égaré. Retrouver l'essence auprès de son aimée. Seul l'Amour peut ouvrir le chemin de la Liberté. Et dépasser les obscurantismes.

07/08/2016

Raide comme la justice   Mais laquelle ?
          Celle des hommes ou celle de l'Immanence ?
Raide de rétractions, de restrictions, de contraintes, de dépendances, de frustrations ankylosées…
Raide d'illusions autant que de désillusions.
Raide d'utopies fantasmagoriques et de fantasmes trop utopiques au regard du tout-venant, de l'autre. Du semblable si dissemblable, si dissymétrique.
Raide à désespérer de toute envie de légèreté, de spontanéité et de liberté.
Raide comme un cauchemar, comme un mauvais rêve, comme une promesse dénaturée par sa raideur.
Raide comme une désespérance d'y arriver. D'arriver à quoi ? À exprimer librement son désir ? À se laisser emporter par son désir, sa pulsion passionnelle, impatiente et passionnée ?
Je me sens raide, définitivement raide à réfréner la meilleure volonté de chevaucher le plaisir. Les plus inavoués. Les plus insensés. Les plus osés. Les plus déraisonnables.
Raide pour l'éternité ici-bas.
Raide comme la réalité inaliénable qui m'a fait naître.
Raide comme certaines vérités indigestes à force d'être irréfutables.
Raide.

07-09/08/2016

Insatiable amour
que celui qui nous invoque
O ma douce lune solaire
tant maltraité le temps s'essouffle
il s'agite versatile autour de nous
immuables dans notre complicité
Insatiable amour
que celui qui nous invoque
O ma pleine lune solaire
les jours s'écoulent trop vite
entre nos étreintes d'amants

qui m'invitent à fantasmer tant
Inaliénable amour
que celui qui nous convoque
chaque jour davantage
dans une ronde de satin
un opus très buissonnier
O ma douce lune solaire

09/08/2016

Telle une hirondelle sans ailes
s'évertuer à voler dans sa cervelle
en rêvant d'une liberté amputée
Telle une hirondelle sans ailes
il s'éreinte à fantasmer
des jouissances trop éloignées
Telle une hirondelle sans ailes
qui s'élance de son nid
avec une intrépide utopie
Telle une hirondelle sans ailes
il se heurte à ses frustrations
en voulant atteindre l'infini.

10/08/2016

Une fraîcheur automnale souffle sur l'été
tout paraît détraqué
tout semble être à l'image du temps
les humains négligent la fraternité
la solidarité est conditionnée
tout en invoquant une sagesse passée
qui n'a jamais vraiment existée.
On est toujours l'étranger de quelqu'un
on est toujours à l'affût de sa propre liberté
en exigeant toujours davantage de sécurité.
Lorsque je te rejette je ne fais que me rejeter
un peu plus profondément dans mes peurs angoissées.
Une fraîcheur automnale souffle sur l'été

Il est grand temps de partir de quitter cette austérité.
Je veux vivre. Simplement vivre. Et aimer.
Sans avoir à justifier et à plaider ce qui va de soi :
l'amour du prochain et de moi-même.

10-11/08/2016

Femme
intarissable poème
liberté rieuse
qui perle l'horizon
d'une myriade de jours
comment ne pas te désirer
toi la vie qui explore les sens
dans l'essence de l'Être ?
Femme
sublime étoile
tu m'as offert du sens
comme une fulgurance lumineuse
surgissant soudain des nues
tu es la soie qui réchauffe ma chair
afin de mieux transcender ton éternité
à peine commencée
Femme
subtile bohème
que j'aimerais pouvoir te protéger
des aléatoires intempéries émotionnelles
qui jalonnent une existence ouverte
à une vie qui n'est pas donnée
mais à prendre jour après jour
telle une inflexible leçon d'amour
Femme
infinie Lumière
je ne suis qu'un homme fait de terre et de sang
au regard étincelant d'une frêle humanité
qui caresse ton aura avec tant d'humilité
je n'ai que la force de ma précaire sagesse
pour accompagner tes pas de velours chahutés
sur le chemin ardu du Sens que tu as emprunté

13/08/2016

Ce sexe hagard
qui pendouille au hasard
en quête d'un regard
qui n'existe peut-être pas

Frêle humanité

Toute sexualité
est sa propre vérité
qu'il faut transcender
ou subir

13/08/2016

Nature isthme
respirer par tous les pores de son être le moindre souffle de vie
sous un ciel accueillant et serein
sans apparat ni apparence
le corps nourri d'une liberté incarnée
Pourquoi cette gêne
pourquoi cette pudeur contrite
pourquoi se cacher
de qui de quoi
être soi
dans sa nudité originelle
face à ces regards d'une simplicité naturelle
où les différences se fondent dans l'altérité
Que la chair est belle
lorsqu'elle est vraie
lorsqu'elle est assumée
Tout soudain est plus léger
tout paraît simple et libéré
Le temps s'est arrêté
pour me laisser savourer ta beauté
et ta sensualité…

14/08/2016

Sexe dualité
sexe précarité
sexe généralité
toute cette humanité qui s'essouffle et se perd
dans sa sexualité
façade trompeuse
triste réalité
derrière les volets clos
d'une misère désexuée
et tous ces monstres déviants et pervers
qui ne cessent d'abuser
de violer avec une sauvagerie
de déments
sexe oppressé sexe opprimé sexe déprimé

14-16/08/2016

Comme une clé chantant dans une serrure dégrippée. Comme une porte s'ouvrant sur un espace libéré. Comme un jour qui s'émancipe de toute obscurité. Comme une mélodie qui envoûte l'oreille énamourée. Comme une fleur qui se fait voluptueusement butiner. Comme un arbre qui s'enracine au tréfonds de la fertilité. Comme un rayon de soleil qui se coule dans la moite chaleur d'une grotte nichée. Comme la plénitude engendre la sérénité. Comme le temps pénètre toute vérité. Comme toi et moi intensément incarnés. Nous rejoignant afin de mieux nous réaliser. Nous fondre sans nous confondre toute chair déployée. Comme la lumière fait jouir la nudité, vivre est un orgasme que l'amour ne cesse de revisiter sur un lit de désirs insatiablement renouvelés.

14-16/08/2016

2017
année sexuelle
après une disette si
conceptuelle – il faut bien
trouver du sens ou se faire une raison
face à l'absence de toute effusion
saison après saison
le temps de vieillir sans fuir
la démesure de sa frustration

.

2017
année sexuelle
tu te prends pour un Apollon
lui disait-elle
avec mépris   avec mépris
en fustigeant son zèle
à vouloir devenir pareil à
à lui

…

2017
année sexuelle
ou la fin d'un transit charnel
il faut savoir tourner la page
sur une plage trop asphyxiée
par des jours à la grisaille pétrifiée
il faut oublier d'avoir été railler
de vouloir exister librement
triste amant brimé

.

2017
année jouisseuse
année libertaire
où le songe
devient une réalité identitaire
je suis où je ne suis pas
la vie n'est que
renoncements
ou
libérations
émancipatrices

.

16/08/2016

Fausse couche
fausse joie
fausse piste
intime compréhension   et
            troublante conviction
                Révélation ?
Tout est écrit tout sera donc   tôt ou tard
Se détourner de la dictature de l'anormalité afin de revêtir sa
                propre vérité
                où est l'anomalie ?
    Il n'est guère besoin de maternité pour enfanter
se créer et créer la vie   les vies
donner corps donner chair
donner sens à son être profond à sa créativité flamboyante à sa liberté à son identité
            Féminité douce féminité intense féminité
lune transcendante lune ascendante cycles infinis de l'Être en devenir
et cette vibration lumineuse profondément incarnée et incarnante
je suis à tes côtés et je resterai   géniteur parmi les géniteurs
pour les siècles des siècles mon amour
je te féconderai mon amour
tel un Lingam reconnaissant devant ton Yoni passionnant.

24-26/08/2016

Le fatalisme victimaire bruine
sur l'incapacité d'oser agir
sur le sens et la direction
de toute chose.
Ma vie m'appartient
y compris mes souffrances et mes errances
je la revendique
je la proclame
comme on proclame son autodétermination.

26-27/08/2016

Oui le temps est une marée le temps va le temps vient le jour est sombre la nuit est claire le jour recule la nuit avance oui la vie est complexe la vie est simple évidente insondable imprévisible le corps est nu le corps est flasque le corps est faible la chair est douce la chair est rude oui le temps s'échappe la vie aussi et le jour donc avoir et être son âge la peau flétrit la peau rayonne la vie prend la vie donne la mort est en chemin la mort et alors oui le regard s'éteint le regard s'illumine les yeux grands ouverts les yeux embués de lumière les yeux fermés sur l'Univers la bouche est amère la bouche est rieuse un sourire au cœur oui le sexe est arrogant le sexe est désenchanté le sexe est cru le sexe est creux le sexe est rire le temps est indécis le temps est vie le temps est mort l'homme est compliqué la femme aussi à sa manière le temps d'un regard le bonheur est proche le bonheur est lointain il est à la porte il tend la main l'amour renaît de ses cendres oui l'amour est éternel l'amour est vibration partout par tous temps
Non rien n'est immuable rien n'est fatal rien n'est fini rien n'est commencé je suis nous sommes notre liberté le temps nous arrête le temps nous poursuit le temps nous incite le temps nous survit jour après jour un nuage frémit une étoile passe une respiration s'interroge une respiration s'interrompt une autre s'élance
Tout est passage tout est présence tout est absence tout est bruit tout est silence tout est convergence
La vie est un bruissement je suis son amant je suis son aimant
(les vers sont interchangeables, on peut ainsi créer d'autres rythmes et intensités, donc poèmes)

28/08/2016

Une certaine lassitude
au bord de l'horizon
si limpide pourtant
l'horizon
et ce sifflement en bruit de fond
acouphènes

échos de soi-même
incessants
comme une litanie
une redondance sonore
canicule en dehors
tiédeur au tréfonds
en cet été finissant
quête de plénitude
dans les friches de cette lassitude
triolisme dans un coin de lit
ou de tête
Il rêve de nudisme
d'être débarrassé des afféteries
des faux-semblants en coton
entre deux femmes
deux esprits dans un chœur à cœur plein de chair
et de vie
il rêve
et puis

28/08/2016

Solitude sous l'immensité d'un ciel intarissable de quiétude microscopique parmi le macrocosme
solitude au milieu d'une foule qui s'agite en tous sens voir sans voir pour ne rien ressentir de l'autre
l'autre cette part de soi-même qui s'ignore pour ne pas se révéler tant dans ses faiblesses que dans ses forces
solitude inéluctable vérité
chemin escarpé vers la sérénité
chemin incontournable
pour arriver jusqu'à toi
jusqu'à notre liberté
d'être deux plénitudes unies
dans une Solitude trinitaire
reliées par le désir d'amour

31/08/2016

Être nyctalope quand l'esprit s'assombrit pour ne pas sombrer dans des pensées morbides, la nuit sous une pluie de larmes et de lassitude extrême. Voir à travers un ruissellement de dépit et de spasmes de colère. Voir par-dessus tout afin d'avancer en plein jour vers la Lumière alors que tout désespère, tout désempare, tout révolte. Nuit bouleversante et bouleversée ou deux interrogations se rejoignent dans un sentiment d'impuissance. Comment continuer à voir la clarté dans cette obscurité si délétère à force d'être contrariée, mise à mal par des comportements contraires. Qu'il peut être épuisant et désespérant de naviguer contre le courant, contre toute résignation à renoncer à son intégrité primordiale, à son sens de la justice et de la justesse. Être nyctalope en toutes circonstances pour ne pas égarer son âme dans des tempêtes relationnelles. Trouver l'apaisement et la sérénité en s'élevant dans l'essence ciel.

01/10/2016

Désesperrance
désespoir rance
entrer dans la danse
jusqu'à franchir le seuil
de la liberté
pour atteindre le climax
de nos sens
que dis-je
de nos esprits
épurés
de leurs scories
la chair est aussi faible
que l'amour est fort
Dansons au rythme
de notre liberté
elle est si pulpeuse
parfois
…

05-07/09/2016

Un budléia bruisse du vol des papillons
une rose s'interroge sur le sens du vent
Je suis un arbuste qui frémit au souffle des sens
un arbuste à la flaccidité rieuse
sous la caresse de sa lune solaire
Derrière son immobilité apparente la nature bouge
et s'élance dans des bruissements intenses

Lierre j'aimerais être du lierre
qui s'enroule autour d'elle
et l'enlace et l'embrasse
et la sensualise et la sexualise
avec une ardeur végétale
jusqu'à l'acmé des sens

J'aimerais être un arbre de mille ans
à l'écorce ravinée par le temps
un arbre imposant à la ramure majestueuse
que rien ne perturberait à part le chant des oiseaux
perchés sur ses branches grinçantes

J'ai tant de mal à me sentir humain
au milieu d'humains en mal d'humanité
je suis de passage sur une Terre malmenée
par trop d'egos en mal de vivre et d'aimer
Seule la nature respire la vérité
même lorsqu'elle se met en colère

Je suis un arbre à papillons

10-11/09/2016

Quand je pense à elle, je vois « l'origine du monde »
dans mon esprit, je peins son corps
son âme, je peins son âme incarnée
son âme assoiffée de sensualité et d'amour
dans mon corps, je sens son corps
je sens sa chair qui s'échappe

qui s'enfuit sous les étoiles et revient et repart

Quand je pense à elle, je vois « la Maja nue »
dans mon être, les lumières s'entrechoquent voluptueusement
sa nudité me transporte vers des plages accortes
sa nudité pulpeuse qui transcende le temps et les esprits
m'aspire vers des contrées, des récifs généreux et
m'inspire des pensées soudain d'une légèreté somptueuse
je suis nu, libre et libéré de jours trop contrariés

Quand je pense à elle, je vois « l'odalisque »
en un noir et blanc tellement caressant
pour les yeux et pour les sens
je vois sa singularité éblouissante
et le temps se dilue dans le désir
un désir si indéfinissable qu'il engendre
des soupirs aussi tendres que mon regard

14/09/2016

Des jours exténuants des nuits chaotiques des temps difficiles
sous un ciel resplendissant
les doutes s'invitent et les soucis s'immiscent
insidieusement
retrouver la foi reprendre le chemin
sous un ciel resplendissant
l'esprit embrumé le corps engourdi
à force de s'interroger sur la matérialité
du temps qui passe et ne reviendra plus
le clair-obscur s'éternise
sous un ciel resplendissant

16/09/2016

Au bord du chemin. Le regard dans le vide. Dans le vague. Dans le vague du vide. Un vide absolu. À en être assourdissant au milieu d'un silence déconcertant. La vie s'échappe. Terriblement insaisissable. Être ballotté, chahuté par les jours. Des jours indécis. N'avoir aucune emprise sur les événements et le temps qui passent insensiblement. Le

regard interrogateur perdu dans le vague à force de ne pas arriver à surfer sur les éléments contraires. Que Jupiter est oppressant. Étouffement psychologique. Désarroi de l'âme au tréfonds de l'être. Perte du sens. Perte de sens. De repères tangibles. Rompre avec un désespérant sentiment d'impuissance qui ronge l'espace et le temps, dénaturant le bonheur et l'amour simultanément. Qui suis-je ? Où vais-je ? La vie m'échappe inexplicablement. Noyade *de profundis*. L'impression insidieuse de subir. D'être dans un train de convulsions existentielles et sentimentales. Respirer. Reprendre pied. Se ressaisir. Pour se remettre en marche. Et avoir le sentiment de reprendre son destin en main. Que Jupiter est oppressant. Que Jupiter peut être désespérant.
Et pourtant la vie continue jusqu'à la libération. S'accrocher à l'espoir d'une nouvelle respiration.
Inspirée.

17/09/2016

Sexualité sans rémission.
Un âtre crépitant. Décor entrelacé. On baise sens dessus dessous, chair palpitante, sexes ardents, on copule avec ferveur. Le désir enflamme et inspire, ou rend con.
Il est loin du feu, dans un entre-deux au goût âcre, une sorte de géhenne charnelle. Vrillé dans l'esprit, dans le tréfonds de l'être loin de l'âtre, un sentiment d'intouchable trop touché pour rester indifférent à une certaine vie qui passe et ne reviendra plus. Les fantasmes consument la flamme intérieure.
Sa sexualité est mort-née, ou il est né trop tôt, ou trop tard. Quelle importance ?
La vie interroge : s'acharner ou renoncer ? La vie interroge toujours. L'écouter ou l'ignorer ?
On baise allègrement, on sue dans des enchevêtrements haletants, on s'imbrique intensément, on jouit devant l'âtre finissant.
Il a froid loin du feu.

22/09/2016

Où es-tu mon intimité ?
Qu'es-tu entre toutes ces mains qui te malmènent à longueur de temps ?
Ces mains sans corps, sans âme, sans chair, sans vie,
sans aucune empathie, parfois ? Souvent.
Si souvent. Trop souvent pour ne pas user l'être de ne pas avoir
d'intimité.
Survivre entre ces forêts de mains intruses
si obtuses certains jours.
Si malhabiles, si indélicates, si confuses et si désolées aussi
quand elles ne sont pas indifférentes et distantes.
Ces mains qui dénudent jusqu'à la corde, jusqu'à l'intime de l'intimité
un tas de chair dégénérée livrée au bon vouloir et au bon savoir
de passants de passage,
en transit professionnel.
Ces mains indécentes par mauvais temps.
Ces mains attentionnées et attentives, anticycloniques telles
des caresses solaires,
une respiration avant l'apnée,
par beau temps.
Tout est une question d'humanité.
Où es-tu mon intimité ballottée par les saisons de mains en suspension ?
Ailleurs,
tu es ailleurs.
Loin, très loin
à l'intérieur…

01/10/2016

Ils sont partis
elle et lui
perfides mesquins méprisants et hypocrites
ils sont partis
sans courage ni lumière sans grandeur ni panache

ils sont partis
elle et lui
laissant une traînée de fiel dans leur sillage vénéneux
ils sont partis
comme des vandales de l'âme
Ne restent plus que des murs suintants des esprits abasourdis et des cœurs meurtris

02-05/10/2016

Le ciel pleure. La pluie rince des relents de perfidie qui polluent l'air environnant. Une peine dépitée stagne dans l'atmosphère. Un cerf brame sa désillusion consternée. L'automne arrive et s'effeuille de ses ultimes utopies estivales. La vilenie a explosé dans toute sa dérision. Estomaqué, l'esprit erre dans tant de mépris insanes violemment surgi de non-dits accumulés. Accumulés pourquoi ? Rancœur sous-durale qui suppurait tel un prurit affectif. Le masque tombe sous l'apparence saumâtre. Le ciel pleure abondamment. Foudroyant alentour. Je reste coi. Sous une sorte de désenchantement désabusé.
Et ce corps livré à perpétuité à l'inconstance inconséquente d'immaturités chaotiques. Ce corps-objet que tant de mains, trop de mains compulsent à longueur de temps. Et ce corps perclus de frustrations, d'abstinence et de silences éperdus. Des silences jusqu'au hurlement des sens. Crispations charnelles. Halètement spirituel. Quelque chose se morcelle jusqu'au délitement sensuel. Quelque chose pleure dans le ciel. Que la pluie submerge jusqu'à la résignation. L'hydrocution de l'espoir. Pourtant, y croire à jamais. Ce corps s'époumone en attendant un nouveau sursaut, une nouvelle en-vie. De qui ? De quoi ? Pourquoi ? Il est des périodes d'acharnements karmiques.
Le ciel sombre en une mélancolie indicible. Il est des adversités incompréhensibles et si incompressibles. Un nuage s'interroge sur la direction à prendre. Puis, finalement, se déverse comme on déverse un trop-plein. Le ciel est bouleversé. Résister. S'accrocher. Espérer. Toujours espérer pour ne pas choir. Vers quoi ? Qu'est-ce qui pourrait bien rimer quand rien ne paraît avoir de rime ?

05/10/2016

Innommable souffrance d'une fatigue morale purulente
la chair sanglote enfermée derrière une vitre à l'azur
étincelant
hébétude
incertitudes
d'une déréliction étouffante
étranglement du sens
Qu'est l'humain
sous sa fragile et versatile humanité
?
Ils partent aussi vite qu'ils sont venus
sans grandeur ni lumière
fuyants derrière leur ombre instable
La parole est volage
la volonté est volatile
la vie parfois est un bégaiement
un fantasme irréfléchi et si peu mûri
à l'aune de la raison
Coups de tête contre coups de dents
Il est des plaies qui suintent longtemps
Au hasard des envies et des besoins
d'aucuns reprennent leur chemin
leur vie de normalité
laissant à d'autres le soin de s'adapter
de trouver du sens
à tant d'indigence frelatée
Il est des vents contraires
si contraires qu'ils emportent les ultimes illusions
Vivre au jour le jour dans la précarité des lendemains
quel destin
!
Une goutte de semence résiste à la tempête

06/10/2016

Comme un cheval fou
comme un train sans gare
comme une nuit en plein jour
comme un bateau dans la tempête
comme une vie sans boussole
ne plus savoir où on va
ne plus savoir qui on est
perdu complètement perdu
au milieu d'un océan d'intempéries
impuissant terriblement impuissant
jusqu'à la nausée

07/10/2016

Comme une onde morbide qui traverse l'esprit de pensées mortifères.
L'intégrité est une denrée bien plus rare que l'intégrisme.
Sais-tu qu'il est plus aisé de faire que d'être
plus facile de trahir que de tenir ?
Comme une onde mortifiant le temps
car l'inconstance de l'humain dénature l'humanité.
Mais je refuse de me déshumaniser
de brider mon intégrité.
Je préfère faire le deuil de vos trahisons
passées présentes et futures.
Je trébuche sur les embûches d'une huche pleine de pain azyme.
La sagesse se juche dans les nues…

07-10/10/2016

Tant de vénération admirative pour sa Lumière sublime. Tant d'amour pour elle à la liberté enchaînée. Enchaînée par et à une vie à l'autonomie contrainte ; tellement contraignante ; astreignante même.
Comment ? Comment ce choix hors normes ? Comment ce chemin hors pistes ?

Tant de reconnaissance et de gratitude pour cette humanité libertarienne et libertine qui humanise le temps et l'espace.
Tant d'interrogations et de questionnements existentiels sous un ciel mouvant comme la vie et les sentiments.
Pourquoi ? Pourquoi cette culpabilité insidieuse ? Pourquoi ce sentiment d'être certains jours un poids, une prison plus qu'un horizon ?
Tant d'émerveillements et de légèreté dans ses rires fous de vie et d'amour nus qui transcendent les jours. Tant de lumière et de douceur en un seul être qui slalome entre les écueils d'une existence en trompe-l'œil.

09/10/2016

Il ne suffit pas de vouloir faire le bien pour savoir bien faire
Il ne suffit pas de vouloir aider pour savoir accompagner
Vous qui ne savez pas écouter ! Vous qui ne savez pas regarder ! Vous qui ne savez pas entendre !
Comment être relié à vous-même ?
Et comment être connecté à votre prochain ?
La compassion n'est pas l'empathie
L'amour n'est pas tout s'il ne prend pas le temps d'être
Pendant ce temps, je surnage dans vos cyclones émotionnels.

10-14/10/2016

Ronflements apocalyptiques au tréfonds de la nuit
tel un sommeil de Walkyrie sur les berges du Rhin
agitation nocturne ballottée par une apnée de foi
litanie au fond d'un lit de soucis qui s'évident en un grondement rauque et tonitruant
être un succédané de trompettes de Jéricho qui annoncent lugubrement l'épître au corps ancien
cacophonie sous la lune chagrine de ma plume sans encre
trouver le sens dans l'errance d'une obsolescence
ronflements à côté d'une lune indulgente
plongée nocturne dans les profondeurs saccadées d'un sommeil en mal de sérénité
Dors   dors mon amour   si tu peux…

12-21/10/2016

Je t'inventerais la vie si tu ne l'avais pas
Je t'offrirais la lune si elle n'existait pas
Je te déchaînerais l'esprit s'il n'était pas libre
Je te donnerais mon corps s'il avait plus d'allant
Je te dessinerais des horizons infinis si j'avais un crayon
Je te créerais du temps et des couleurs si j'étais un mage
mais finalement
Je t'offre mon amour, celui d'un cœur qui bat à l'unisson du tien lorsqu'il dévide ses charmes en pelotes de soupirs énamourés et de désirs intimidés
Je t'offre tout ce qui me reste à vivre pour te faire un lit de tendresses éblouies et de bonheur aérien.
Mon amour

14-20/10/2016

Elle a décollé. Vers où ? Il n'a été que son moteur à propulsion d'Amour. Son impulsion à se délivrer et à s'élever vers ses Étoiles spirituelles.
Elle a décollé. Jusqu'où ? Aussi loin qu'elle osera. Aussi longtemps qu'elle saura garder son cap. Vers sa Lune. Sa Lumière indéfinissable.
Elle a décollé. Pour où ? Elle seule le sait. Pour une éternité de générosité à l'humilité flamboyante. Une Solitude que seuls connaissent les plus vivants. Les plus persévérants. Les plus émancipés. Les plus libérés d'eux-mêmes.
Elle a décollé. Par où ? Le Cœur de son Être sensible. Le Corps de son esprit épris d'horizons infinis et de galaxies intimes. L'âme nourrit d'espaces et de temps
Elle voyage désormais sous un Soleil qui vacille oppressé par une accumulation de temps s'entassant avec angoisse sous sa Lune de Janus vénusien. Mais elle voyage. Vers son destin. Son épicentre vital. Son épiphanie.
Il est des voyages intérieurs éprouvants afin de goûter à une libération totale, un dépassement de soi fanal, pour atteindre les rivages d'une dimension biosphérique apaisée. Irradiant d'un bonheur radieux.

16-20/10/2016

Une rue se promène dans des passants à sens unique, sautillant de flaques à chaussures en caniveau à sous-vêtements, sous le regard d'un ciel qui cligne devant des bouches élaguées. Le bitume rit.
C'est le monde à l'envers. On marche sur la tête.
La rue vitupère en bombant son asphalte face à une artère qui brandit sa vindicte, jetant des passants tels de vulgaires déchets, sous le regard révulsé d'un ciel qui régurgite des humains mal digérés.
C'est le monde à l'envers. La Terre a perdu la boule. Tout le monde délire. La politique est en friche...

21-22/10/2016

Qui suis-je ? Le saurais-je jamais ?
Cette violence indurée qui explose brusquement en fulgurances dégénérées.
Violence refoulée en apnée dans un emballage de mauvaise conscience.
Qui suis-je ? Comment le savoir ?
Cette vérité insaisissable de l'être écartelé par des émotions délétères.
Vérité sans concession qui remugle ses travers en hoquetant.
Qui suis-je ? Pas toujours celui que j'aimerais être. Pas toujours celui que je parais.
Qu'y puis-je ?
L'esprit est aussi faible que la chair et la chair aussi pauvre que l'esprit est imparfait.
Je ne suis qu'une imperfection perfectible. Dans le miroir trouble de moi-même.
Qui suis-je ?
Un déchirement intérieur. Un déchirement inconsolable certains jours.
Un être mortel si vivant. Une apparence parfois trompeuse.
Mais si vivante en vérité.
Mélancolie.
Tristesse abyssale qui suinte sur la lumière en gouttelettes purulentes.
Qui suis-je ?

01-02/11/2016

Sexe tango
tangage tentaculaire d'un temps qui se distend
dans des tentations crépusculaires anémiées
par certains tourments atrophiés
Je fus un amant.
Quand ?
Un jour probablement…
mais quand ?
Je suis un aimant.
Intarissable assurément…
qui tangue a tant chaviré
dans sa propre brume.
Je fus un amant.
Quand exactement ?
La mémoire fait défaut
parfois seulement
parfois
bizarrement.
Sexe tango
sexe flamenco
valse hésitation.
La semence bouillonne
dans les entrailles
au cœur d'une humidité ambiante
qui rudoie l'âge
et le temps.
Du soleil
il faut un peu de soleil
pour faire jouir la lumière
dans un tango haletant.
Je fus un amant.
Je fus seulement ?

06-13/11/2016

Semblable à une sorte de résignation qui stagne et s'enracine. Un renoncement aux relents fatalistes par atrophie des sens. Par atrophie de l'énergie libidinale. Une énergie mise en quarantaine. Inscrite entre parenthèses dans le cours d'un temps quelque peu asthmatique.
Et ce phallus démembré qui s'interroge silencieusement tout en observant le temps passé et présent qui semble regarder derrière lui son avenir. Et ce phallus oppressé qui se dresse impuissant de n'être que lui-même. Et ce phallus qui interroge sur l'essence et le sens de sa présence.
Que cherche-t-il ? Qu'attend-il ? Le sait-il ? L'a-t-il jamais su ?
Moi non. Je n'en suis que le porteur. Le détenteur faillible et faible. Toujours en attente. Toujours en fantasmes. D'illusions en frustrations. De frustrations en perditions. À l'instar des répliques d'une tectonique affective. Je suis mon propre séisme incarné.
L'amour m'a été apporté. L'amour m'a été offert comme un délicieux cadeau déposé par le Ciel dans l'échancrure de mon cœur et les méandres torturés de mon corps.
Le phallus en berne et l'être en lumière.
Y a-t-il des maux divins inspirés par des attentes futiles ?

09-13/11/2016

Vivre avec une conscience accrue que la mort peut surgir à tout instant
vivre avec confiance en sachant que ma vie est tellement tributaire d'autrui
que ma vie est aussi un peu la leur
vivre avec la mort en point de mire pour vivre plus intensément
vivre vraiment sans regret sans forfaiture
sur le chemin de l'éternité quotidienne
dans le sens insécable du temps et de l'être
vivre vivre et encore vivre
avec l'acuité d'une finalité peut-être prochaine
d'une finalité incontournable
et respirer

15/11/2016

Le corps morose l'esprit alerte
Le cœur réjoui l'âme maussade
Il est des fusions qui paraissent insolubles
parfois
Concussion des sens et du sens
Dilution de l'être dans l'abstraction de son Unité
Faire Un
avec soi-même.
Mélancolie.
Pleine page
dans des plaines arides aux saisons avides
de se fondre dans le temps.
Accueillir et repartir
de l'avant
jusqu'à l'instant ultime
l'instant final
point d'orgue
du tout au Tout

16/11/2016

Rompre le temps comme on rompt l'hostie pour consacrer sa vie à cet amour renouvelé chaque jour. À chaque instant.
Et s'en nourrir. Se nourrir de ce temps de Grâce infinie et intemporelle.
Quand d'autres, tant d'autres, trop d'autres survivent misérablement dans un purgatoire infernal aux quatre coins de la Terre et du firmament, malgré tout. Par-dessus tout. Chaque jour. À chaque instant.
La vie est un Mystère insondable. Qu'est être vivant ?
Une communion avec l'ineffable. Avec soi-même par conséquent. Chaque jour. À chaque instant.
La justice n'est pas de ce monde. Mais l'amour, assurément.
Je t'aime mon sacrement incarné. Je t'aime infiniment.
Rompre le temps sans interrompre les jours et se nourrir de sens inlassablement.
Je suis. Je sais que je serai éternellement. Encore plus depuis que je suis à tes côtés.
Je t'aime.

18/11/2016

Je suis un mec créant de la vie
insoumis jusqu'au bout du cœur
libertaire jusqu'au bout de l'envie
aux pensées aussi libertines que divines
spiritualité buissonnière pour humanité conquérante
Je suis un mécréant à l'orée du temps
à l'aube du toujours qui frémit au vent des jours
que serais-je sans amour
sans ton amour sorti de l'ombre pour éclore à sa destinée
j'erre sur la terre comme aux cieux
entre tes bras aussi langoureux que mes émois
Je suis un mec créant de l'infini

19-21/11/2016

Que connais-tu de l'adaptation et du renoncement jusqu'à
l'abnégation parfois
du consentement à l'épure donc
par amour
de l'autre
de soi peut-être aussi
de soi envers et contre tout

Que sais-je de ma vie
sinon ce qui est passé
que sais-je de moi-même
sinon ce qui est présent

Que connais-tu de l'adaptation dès le premier souffle
et du renoncement à ses fantasmes depuis les premiers temps

On ne peut que choisir ses manques
afin de mieux appréhender le Vide
de toute chose en toutes circonstances

Peut-être que tout n'est que vacuité
finalement
Silence et Recueillement

19-21/11/2016

Danse du ventre danse du tendre
Prendre et rendre sans attendre
que la vie engendre de la cendre
Danse sur lui danse en elle danse sur eux
Apprendre à surprendre plutôt que suspendre
cette vie sans se défendre de ses cendres
Danse sur les méandres danse vers le Centre
Tous ces gynandres dont on dit pis que pendre
quand la vie aimerait s'étendre dans l'entendre

20-21/11/2016

Arrimée à la bite l'Épiphanie gîte
quand la houle jute son écume en rut
La mer est belle la plage est douce
Partir au large sur des vagues sensuelles
vers des rivages incas que lèchent des adages bleu ciel
L'azur est numineux la mer est belle
Vibrer tous azimuts pour ne pas croupir sous les décibels
de temps azymes et rebelles
La mer est tendre la plage est vide
Rester fidèle à ses sens qui chevauchent des ressacs charnels
libres de toute amarre cupide
L'horizon s'ouvre la plage s'entrouvre
Il est temps de lever les voiles sur des bacchanales drossées
vers des embruns d'étoiles
La plage est douce l'air est frais
Accoster dans la baie des corps rédempteurs
après le naufrage de jours échoués en eux-mêmes
Le ciel est vaste l'horizon est insondable
Voguer au-dessus des nuages pour amerrir dans une crique
où s'apaisent les maux de l'absence de mots

21/11/2016

À tous ceux qui ont connu qui elle fut
À tous ceux ont pu faire tout ce qu'elle voulut
À tous ceux qui ont su lui donner tant et plus
Il lève le verre du condamné à vie
Rêvant derrière ses barreaux à ce qu'il n'aura jamais vraiment connu
Pensant au fond de son lit à toutes ses fantasmagories qui se sont perdues
Contemplant du haut de ses désirs perclus l'ardu chemin déjà parcouru
Il lève le verre et rit aux éclats de la vie
On survit à des shrapnels de frustrations pas à un amour qui s'est complu
On réchappe à des désirs ravalés mais pas à des sentiments corrompus
On s'habitue à des refoulements éperdus mais pas à des jours sans but
Il lève le verre et boit à la santé d'une poésie de la vie
Le cœur et le corps emplis d'amour
Pour cette femme qui le fait bouger encore et encore
Dans l'âpreté de journées lumineuses à en être ébloui d'admiration
Ne cherchez pas à comprendre essayez plutôt de vivre intensément votre propre liberté
L'amour véritable n'est que cela : la rencontre de deux libertés cheminant en chœur

21-23/11/2016

La réalité des fantasmes n'est pas leur réalisation. Pas toujours. Les désirs ne sont-ils pas qu'une mystique qui n'engage que ceux qui y croient ? Broyés qu'ils sont par un intégrisme liberticide qui s'évertue sourdement à étouffer comme il le peut des libertés fondamentales dans des camisoles de vertus moyenâgeuses. Tuer la libre pensée. Tuer le libre choix. Pour certains, il faut tuer au prétexte de sauver.

Dieu serait-il un mal pour un bien ? Le diable déguisé en dévot hypocrite et sans foi ? En vérité, la tolérance c'est comme la confiture, moins on en a plus on l'étale, me disait ma grand-mère si sage ou… peut-être que c'est mon besoin de prendre mes désirs pour la réalité. On a les fantasmes que l'on peut. Les miens ne sont guère vertueux. Mais Dieu fera le tri. Ou pas. Après tout, ce n'est guère mon souci ici-bas. Le mien c'est d'Aimer. Et de respecter les différences de mon prochain. Non de l'embrigader. Ni de le museler. De l'aimer en lui laissant toute latitude de choisir ses libertés. Ou pas. D'aucuns portent des croix. Par manque d'amour. Parfois. Trop souvent même. D'amour de soi. Donc de l'autre. Celui qui pense et vit différemment que soi. J'aime ma spécificité et ma liberté. Et toi ?

22-23/11/2016

Nostalgie
pour ce qui n'a jamais été et ne sera peut-être jamais
nostalgie jusqu'à la mélancolie
une mélancolie qui suinte une peine indéfinissable
comme percluse par des petits deuils trop répétitifs
qui paraissent insurmontables
Il a couru après une chimère toute sa vie
faisant des plans sur la comète à n'en pas finir
une comète qui a le feu à sa…
une de ces flammes qui embrase l'être
Nostalgie mélancolique
prendre un jour pied sur Terre regarder sa réalité sans faillir
aussi insupportable soit-elle il faut bien atterrir quelque part
renoncer définitivement ou se contenter d'à-peu-près
sauf à oser vivre sa différence suivre son chemin sans trembler
Il est des mélancolies qui sont un appel à la sagesse
à la prise de conscience d'un inéluctable lâché prise

23/11/2016

Ma douce ma douceur
ma petite étoile filante fileuse de vie et d'amour
qui file vers sa finalité suprême
sous mon regard ébloui mon cœur attendri
je n'ai été que le tremplin
la passerelle vers Ton Chemin
celui que tu as débroussaillé de tes mains
un facteur humain détonnant et consentant
Ma douce ma douceur
je serai ton disciple comme je suis ton aimant
amant d'une étoile filante fileuse de désirs infinis
peut-être infiniment insoluble dans des fantasmes
à la trivialité si désincarnée face à ta spiritualité
naissante luminescente et effervescente
Je suis la racine tu es la cime
je suis le sens tu es la voie
Nous sommes notre Joie

24-25/11/2016

Faire zazen
dans la zone
en zieutant
des zélotes zélés
qui zozotent
en zuçant un zeste de zitron
dans un zoo zébré
de Zanzibar
Quelle zénitude !
Je suis un bonze pirate
qui se bronze la rate
en écoutant l'Euphrate
récité des sourates
liberté humanité
et universalité
la spiritualité
est une vérité

en mal de soi
chacun sa voie…
Être moi
zen ou pas
la vie n'est que joie
et rires de soi
délivre-toi
et aime-moi !

25/11/2016

Je suis ma propre solitude
au fond de mon lit de servitude.
Ai-je assez de mansuétude
pour déceler ma finitude ?
Je suis ma propre solitude
à la recherche de plénitude.
Loin bien loin de toute certitude,
respirer avec amplitude.
Je suis ma propre solitude
au creux d'une vie tellement rude
que tant soudoient mes incertitudes.
Sais-tu où est l'humanitude ?
Je suis ma propre solitude
composée de vers sans rimes prudes.
Solitaire qui jamais n'élude
les tourments de sa « sexitude ».
Je suis ma propre solitude
au cœur de mes libres attitudes.
J'aspire à de la zénitude
et à un brin de complétude.
Ô mon ardente solitude
que le silence soudain exsude,
le bonheur est-il une aptitude ?
Je suis mon propre prélude.

26/11/2016

Il l'espère tant
il l'attend sans fin
recroquevillé sur lui presque flétri
l'énergie maussade ballottant au gré des mouvements
versant une larme de temps en temps de temps à autre
l'espère-t-il vraiment
qu'attend-il encore
un fantôme ou un fantasme toujours vivant
toujours vivace
obstinément refusant de renoncer à ses atermoiements
comme empêtré dans un détachement vécu comme une résignation
un échec sans rémission.
une défaite de ses pulsions

26-27/11/2016

Ne pas s'étendre ne pas s'apitoyer ne pas s'attendre ne pas reculer ne pas regretter ne pas imposer ne pas s'accrocher ne pas se résigner ne pas s'emporter ne pas culpabiliser ne pas se flageller ne pas se satisfaire ne pas se complaire ne pas se perdre dans des échappatoires sans espoir des résistances sans retour
ne plus être objet mais sujet
de mes désirs de mes plaisirs de mes sourires de ma chair de mon esprit de mon corps de ma vie de mon être

Être
quel labeur quotidien incessant exténuant rigoureux
et ce poids récurrent et lancinant
ce poids de me sentir un poids ce poids que j'aimerais porter car il est mien
dépendre apprendre à dépendre dans ma tête ne plus être redevable mais juste reconnaissant
c'est si évident et pourtant si difficile
si difficile de me libérer de mes chaînes toutes mes chaînes
et cette libido réprimée depuis l'origine du souffle de vie

Être sujet
simplement
en étant soi

05/12/2016

Avec ma gueule de travers
de mec pervers et à l'envers
de la tête jusqu'à mes pieds
des panards qui m'font la gueule
et un corps pas mal bégueule
je n'sais plus à qui me fier
Avec mes envies d'étalon
sur un machin de canasson
comment veux-tu les pénétrer
j'ai tellement tenté je crois
que j'ai beaucoup perdu la foi
mais rien n'empêche d'continuer
à espérer se libérer…

05/12/2016

J'aime ma solitude
loin des papotages vains et des cacophonies harassantes
j'aime cette solitude
me réconciliant avec le silence
ce silence qui m'intériorise à force de m'isoler
et cette pulsion irrésistible qui me pousse en dehors de moi
comme un appel à ne pas rester la cible de mes émois
cette pulsion irrépressible que je ne veux pas réprimer
car elle me pousse chaque jour vers toi
et vers ce désir imputrescible de jouir par la chair en ébats
j'aime ma solitude autant que vous qui m'en extrayez
femmes insoumises jusqu'à la foi

06/12/2016

Sa chair soyeuse
sublime tout mon être lorsqu'elle est couchée contre moi
effleurer sa peau juste l'effleurer du bout d'un doigt malhabile
et gourmand
sentir son corps nu comme une vérité intemporelle
pour se sentir humain enveloppé par sa charnelle sensualité
délice du soir dans une pénombre qui pulse l'espoir
douce griserie d'une volupté amoureuse
sa chair soyeuse

07/12/2016

Scrupules
à être libre
vraiment libre
sans ces dilemmes qui réfrènent
des velléités d'élans du corps
en toute liberté
Scrupules
comment être soi
sans comprimer l'autre
l'âme tant aimée
dans ses désirs d'évasions
Scrupules
à partager
un lit de libertés
insoumises à une morale
réprimante de frustrations
fantomatiques et délétères
Scrupules
à oser être soi
en toute légèreté sensuelle
entre des bras semblables
et différents qui embrassent
la jouissance de se partager
pour mieux se retrouver
tout simplement
La liberté se mérite-t-elle

08/12/2016

Chambre nuit tamisée nuit avisée corps enfiévrés chairs crépitantes mains doigts dépliés déployés mains doigts fébriles paumes subtiles sexes érectiles érigés en dehors et en dedans chambre un jour toujours désirs amour amour du désir désirs d'amour sexes empressés affamés d'eux-mêmes de l'autre de l'autre en soie de soi en l'autre ce *care* sensuel charnu charnel pulsions impulsions gestes volubiles actes intuitifs instinctifs chambre espace silence bruissant vibrant de mouvements empressés pressés nuit volubile incarnations sexes pénétration « emboutissement » aboutissement et ces lèvres en tous sens enivrées jusqu'à la jouissance ces lèvres qui s'encensent jusqu'à l'explosion dans l'implosion de leur présence narcissique chambre nuit rassasiée un jour de fulgurance comme un autre déchaînement des sens enchaînés à eux-mêmes

10/12/2016

Liberté
jusqu'où jusqu'à quand
il n'y a pas d'âge ni de limites
répond la liberté en s'amusant
c'est une question d'éthique
et de capacité personnelle
quand les attirances se multiplient
le désir se démultiplie
Liberté exponentielle
entre terre et ciel
entre lui et elles
entre rien et tout
trouver l'équilibre
trouver le sens et le chibre
la fibre de toute chose
et ces attirances impromptues
qui génèrent un désir d'évasion volage
de friandises incarnées par la tentation
Désir d'infusion passagère et libertine
exotisme charnel fredaine sensuelle

que la morale dit infidèle pour qui à qui
car il ne répond pas aux canons
de la bienséance vertueuse
Je suis ma propre vertu
une incantation vénielle

15/12/2016

Ranimer ce corps-désir
si désireux d'être tant
désirable et désirant
dans une ode en chœur
de chair et de sens
le sens de l'être retrouvé
S'échapper de la léthargie
d'un corps étreint d'être éteint
à force d'attendre que la braise
reprenne de la vigueur et du sens
afin de raviver la flamme qui fusionne
des esprits en ébullition incarnée

16/12/2016

Homme de peu de foi
à courir après la loi
tu oublies la joie
de vivre ici-bas
et de mourir en roi

21/12/2016

Tant de fois j'ai goûté la mort. Tant de fois j'ai été endeuillé de moi-même, voyant la vie m'échapper pour renaître plus vivant encore. Ressusciter avec une force épurée au corps. Et à l'âme. Petits et grands deuils. Sur le chemin du devenir. Être c'est mourir un peu plus chaque jour jusqu'à n'être plus que sa propre Éternité. Tant de fois je regoûterai la mort. Preuve que je suis toujours vivant dans mon corps. Afin de mieux sentir le temps glissé sur mon être ensemencé d'avenir. Être. Être mon âme dans les siècles des siècles. Mourir pour mieux vivre. Vivre à jamais de mes propres cendres. Aller de celui que j'étais à celui que je suis vers celui que je serai. Je vibre. Libre. De moi-même. Car je sais. Je sais que je suis. Et que l'amour transcende toute mort. Mon amour rencontré un jour de vie comblé d'« encore ».

21/12/2016

Toi, ma rune incarnée ma divine divination
Le sens de ma vie est si souvent inscrit dans ton regard
et la lumière de mon être brille si souvent dans ton cœur
Je ne sais où je vais mais je découvre qui je suis
en respirant tes pas qui s'accordent à l'Infini
Je suis un mécréant fabuleusement épanoui
de sillonner une existence aux confins de la différence
plein d'une allégresse mélancolique lorsque je bute
contre une réalité si peu utopique
Toi, ma rune allégorique
je te vénère d'une reconnaissance euphorique
car tu réjouis ma foi pleine d'incertitudes
en ouvrant ma voie vers d'autres latitudes
Je me sens si vivant entre tes bras si jeune et désarmant

21/12/2016

Désirer le désir de me sentir désiré
aimer ce désir qui se savoure telle une liqueur charnelle
et me réjouir de jouir ou jouir de me réjouir
entre tes bras ou entre tes cuisses en étreintes de feu
femme qui me tapisse d'émois extatiques
d'extases qui s'épanouissent dans ton portique de Vénus
Désirer le désir d'être désiré
et me sentir vivant tellement vivant
dans un corps aussi mort que déroutant à force d'être
si éternellement réjouissant d'incertitudes intemporelles
Je veux être l'amant du tant le temps de mon passage
éphémère perclus d'extases chahutées par un destin
aux orgasmes contrariés car trop peu conventionnels
à mon goût d'esthète chimérique et invétéré

22-24/12/2016

Être
entre ses bras accueillants
sous son corps enveloppant
en son sexe dru et intempérant
Être
dans le champ libertin de son être
entre les fantasmes qui la font naître
sur la houle ondoyante de sa sensualité
Être
consumé par cette femme qui partage sa liberté
dans une nudité festive caracolant sur ma sexualité
avec une fougue ardente transcendant nos sens éblouis
Être
consommé par une femme au cannibalisme orgasmique
la chair s'ouvre la chair se tend les chairs s'embrassent les chairs s'embrasent
document en libertinant

25/12/2016

États d'âme blafards
qui traînent une langueur presque noire
du matin au soir
Il est des jours tellement ringards
vivotant en suspens au-dessus de mon corps hagard
que l'horizon semble s'arrêter à sa propre vacuité de lézard
Hécatombes de maltraitances sans hasard
qui plombent la fragilité de mon regard
jusqu'à brider toute velléité de mouvement
et d'oppresser la course du temps
Me ressaisir afin de repartir de l'avant
retrouver du sens et de l'allant
dans toute cette indigence de gens
qui polluent mon environnement
de leur mal-être déresponsabilisant
pendant que je me tue à vivre des sentiments

aussi contradictoires que déchirants
Sans éthique ou désespérément inconscients
immoraux ou carrément indifférents
ces soi-disant accompagnants
dénigrent l'existant faute d'être présents
à eux-mêmes et à l'autre par conséquent
Je ne suis que déchirures et déchirements
à force d'être l'objet de reniements
de la part d'egos sans états d'âme ou indolents
Vouloir être autonome c'est décidément
un chemin de croix trop désespérant
qui détruit l'espoir progressivement
en le noyant méthodiquement dans
des beaux serments et des bons sentiments
Comment ne pas chavirer et sombrer immanquablement
submerger par une coulée de questionnements obsédants

25-28/12/2016

Je n'ai plus la patience d'être patient
je n'ai plus la patience d'être indulgent
je n'ai plus la patience de m'oppresser en silence
je n'ai plus la patience d'écouter des excuses sans lendemain
je n'ai plus la patience d'engranger des promesses creuses et vaines
je n'ai plus la patience d'attendre une prise de conscience hypothétique
je n'ai plus la patience d'avaler les couleuvres à l'œuvre à mon corps défendant
je n'ai plus la patience de mettre mon corps entre les mains de maltraitants sourds et handicapants
je veux que mon intégrité soit respectée
je veux que l'on cesse de me faire du courant d'air avec du vent et des sourires volatiles
je veux que l'on soit
rien de plus rien de moins
je veux que l'on soit présent à moi
rien de plus rien de moins

je ne suis pas la Mecque ni le mur des lamentations ni la grotte
de Lourdes
prêcheurs et bonimenteurs passez votre chemin
rien de plus rien de moins
et gardez votre éthique en peau de chagrin

26-28/12/2016

Rien n'est pire que d'être infidèle à soi-même et à sa liberté
d'être
je m'appartiens
jusqu'au tréfonds de ma chair
m'être fidèle par amour de moi-même et d'elle
qui m'aime et que j'aime
au-delà de la chair qui nous empêtre
et me rapproche de corps intérimaires
autant qu'éphémères
en des charnalités buissonnières
les jours de désirs intempestifs
où soudain un galbe plein d'allant
suscite un élan spontanément ardent
je suis fidèle à moi-même
et au pacte d'amour
entre elle et moi
j'ai un esprit d'amant
avec elles les jours de désirs captivants

27/12/2016

Mon amour la vie nous file entre les doigts.
J'ai à peine le temps de savourer tes joies.
Que le bonheur est un doux émoi
quand tu m'enveloppes de tes bras !
Mon amour si loin de moi
aujourd'hui et si proche à la fois
laisse renaître la pétillante voix
de ta sensualité pleine d'apparats.
Mon amour je suis fou de tes appas !

27/12/2016

Ma femme au cœur de biche
mon refrain d'amour
jamais le Soleil ne triche
quand il suit son cours

J'enjambe la nuit
pour entamer le jour

Mon corps a besoin d'amour

Ma femme au cœur de colibri
mon îlot d'amour
jamais la Lune ne fuit
sa rencontre avec le jour

J'enjambe l'ennui
pour entamer la vie

Mon corps a tant besoin d'amour

27/12/2016

J'engendre ma nostalgie au gré des souvenirs qui s'estompent
hier c'était hier demain sera demain
seul l'amour nourrit le temps qui nous rapproche
je suis
un humble battement de cœur pulsant en chœur
avec tes yeux si bleus
et si mystérieusement lumineux
J'engendre l'amour au gré de ton rire qui retentit
aujourd'hui est aujourd'hui
entre tes mains et ton âme venue de si loin

pour aller où

je suis
et je serai
mon insatiable réincarnation
après avoir incarné qui nous sommes

29/12/2016

Rudesse du temps. Rudesse des corps. Les jours sont voilés à fendre l'âme. Le décor est glaçant au-dehors. Tout semble mort. Hiver. Saison mortelle et mortifère. Rudesse du temps. Rudesse des corps. La brume est un linceul. Trouver de la douceur. Dans sa chair et dans son cœur. Rompre la monotonie d'un jour qui stagne. En suspens. Tout semble en suspens. Même l'existant. Je me sens en suspens. Depuis quand ? Rudesse du temps. Rudesse des corps. Une année se meurt. Délivrez-moi du mâle qui jamais ne dort. Pas avant d'être mort. Vivement le printemps. Et le réchauffement des corps.

31/12/2016

Fluctua nec mergitur
année de chaos émotionnels
doutes de soi-même et de l'autre
cet autre sans qui la vie ne serait pas ne serait plus « autonome »
cet autre versatile et si peu empathique
quand il n'est pas pathétique et pitoyable
derrière ses bonnes intentions qui ne sont que de piètres attentions
Et cette masturbation désespérante
plaisir du pauvre qui s'accroche à la racine du mâle
de façon dérisoire
car il est des jours où je me sens dérisoire
à courir après des fantasmes indigestes à force d'être régurgités
Gainsbourg est mort et enterré depuis belle lurette
avec lui les années érotiques
seuls ces autres teigneux comme des tiques continuent à empoisonner
la vie de leur mal-être endémique
Il est des jours où je me sens si peu vivant
incapable de dépasser le mordant de certaines meurtrissures
des jours où je suis pantelant d'incertitudes
Demain est une autre année…

01/01/2017

Certains jours je me sens tellement pesant
tellement encombrant
handicapant
le corps engoncé dans sa chair pétrifiée
d'exister
Recherche chambre portuaire
pour s'éloigner de l'enfer
d'une mort par dégénérescence des sens
Je suis ma propre dissonance
déchiré par l'obsolescence de certains êtres
au mal-être contagieux
Nouveau recommencement nouveau départ
nouveaux espoirs
Répartir
de l'avant

Du même auteur

Autobiographie
À contre-courant, 1ᵉ édition, Desclée de Brouwer, 1999. 2ᵉ éditions, Worms, Le Troubadour, 2005 (épuisé).
En dépit du bon sens : autobiographie d'un têtard à tuba, préface ONFRAY M., Noisy-sur École, L'Éveil Citoyen, 2015 (épuisé)

Poésie
Toi Émoi, Worms, Le Troubadour, 2004
Corps accord sur l'écume Worms, Le Troubadour, 2010
Ikebana effervescent, Worms, Le Troubadour, 2012
Le jeune homme et la mort, Worms, Le Troubadour, 2016
Les chemins d'Euterpe, Autoédition MN, 2018
Divins horizons, Autoédition MN, 2020
Femmes libertés, Autoédition MN, 2021
Allègres mélancolies, Autoédition MN, 2021
Les foudres d'Éros, Autoédition MN, 2019
Sérénité, Autoédition MN, 2019
L'existentialisme précaire d'un têtard pensant, Marcel Nuss, 2018
Chroniques poétiques, Autoédition MN, 2021
Le quotidien des jours qui passent, Autoédition MN, 2020
Aveux de faiblesses, Autoédition MN, 2022
Récoltes verticales, 1999-2002, Autoédition MN, 2022
Élégie sans lendemain, 2002-2008, Autoédition MN, 2022
Femmes libertés, 2011-2013, Autoédition MN, 2022
Les runes de l'amour, 2011-2012, Autoédition MN, 2022
Allègres mélancolies, 2013-2016, Autoédition MN, 2022
Les foudres d'Eros, 2015-2016, Autoédition MN, 2022 (à paraître)

Sérénités, 2017, Autoédition MN, 2022 (à paraître)
Existentialisme, 2018-2019, Autoédition MN, 2022 (à paraître)
Chronique poétique, 2020, Autoédition MN, 2022 (à paraître)
Le quotidien des jours qui passent, 2021, Autoédition MN, 2022 (à paraître)

Essais
La présence à l'autre : Accompagner les personnes en situation de dépendance, 3e édition 2011, 2e édition 2008, 1e édition 2005, Paris, Dunod.
Former à l'accompagnement des personnes handicapées, éditions Dunod, 2007 (épuisé).
Oser accompagner avec empathie, préface COMTE-SPONVILLE A., Paris, Dunod, 2016
Je veux faire l'amour, Paris, Autrement, 1ère édition 2012, Autoédition, 2e édition 2019.
Je ne suis pas une apparence, Autoédition MN, 2021

Romans érotiques
Libertinage à Bel Amour, Noisy-sur-École, Tabou Éditions, 2014 (épuisé)
Les libertines, Paris, Chapitre.com, 2017 (épuisé)
Le crépuscule d'une libertine, Paris, Chapitre.com, 2018 (épuisé)

Réédition en version originale :
La trilogie d'Héloïse, Autoédition MN, 2021
    1 Con joint
    2 Con sidéré
    3 Con sensuel

Nouvelles
Cœurs de femmes, Paris, Éditions du Panthéon, 2020
Ruptures, Paris, Éditions Saint-Honoré, 2021
Incarnations lascives, Autoédition MN, 2021

Sous le pseudonyme de Mani Sarva
Horizons Ardents, Paris, Éditions Saint-Germain-des-Prés, 1990 (épuisé).
Divine Nature, prix de la ville de Colmar 1992, Éditions ACM, 1993 (épuisé).
Le cœur de la différence, préface JACQUARD A., Paris, L'Harmattan, 1997

Essais en collaboration avec :
COHIER-RAHBAN V. *L'identité de la personne « handicapée »*, Paris, Dunod, 2011
ANCET P. *Dialogue sur le handicap et l'altérité : ressemblance dans la différence*, Paris, Dunod, 2012

Essais dirigés par l'auteur
Handicaps et sexualités : le livre blanc, Paris, Dunod, 2008
Handicaps et accompagnement à la vie sensuelle et/ou sexuelle : plaidoyer en faveur d'une liberté !, Lyon, Chronique Sociale, 2017